物化历史系列

金文史话

A Brief History of Inscriptions
on Bronze Wares of Ancient China

杜　勇　周宝宏 / 著

社会科学文献出版社
SOCIAL SCIENCES ACADEMIC PRESS (CHINA)

图书在版编目（CIP）数据

金文史话/杜勇，周宝宏著．—北京：社会科学文献
出版社，2011.11
（中国史话）
ISBN 978 - 7 - 5097 - 2636 - 5

Ⅰ．①金…　Ⅱ．①杜…②周…　Ⅲ．①金文 - 介
绍 - 中国　Ⅳ．①K877.3

中国版本图书馆 CIP 数据核字（2011）第 161885 号

"十二五"国家重点出版规划项目

中国史话·物化历史系列

金文史话

著　　者／杜　勇　周宝宏

出 版 人／谢寿光
出 版 者／社会科学文献出版社
地　　址／北京市西城区北三环中路甲 29 号院 3 号楼华龙大厦
邮政编码／100029

责任部门／人文科学图书事业部 （010）59367215
电子信箱／renwen@ ssap. cn
责任编辑／范明礼
责任校对／杨　芳
责任印制／岳　阳
总 经 销／社会科学文献出版社发行部
　　　　　　（010）59367081　59367089
读者服务／读者服务中心 （010）59367028

印　　装／北京画中画印刷有限公司
开　　本／889mm×1194mm　1/32　印张／6.125
版　　次／2011 年 11 月第 1 版　字数／120 千字
印　　次／2011 年 11 月第 1 次印刷
书　　号／ISBN 978 - 7 - 5097 - 2636 - 5
定　　价／15.00 元

总　序

　　中国是一个有着悠久文化历史的古老国度，从传说中的三皇五帝到中华人民共和国的建立，生活在这片土地上的人们从来都没有停止过探寻、创造的脚步。长沙马王堆出土的轻若烟雾、薄如蝉翼的素纱衣向世人昭示着古人在丝绸纺织、制作方面所达到的高度；敦煌莫高窟近五百个洞窟中的两千多尊彩塑雕像和大量的彩绘壁画又向世人显示了古人在雕塑和绘画方面所取得的成绩；还有青铜器、唐三彩、园林建筑、宫殿建筑，以及书法、诗歌、茶道、中医等物质与非物质文化遗产，它们无不向世人展示了中华五千年文化的灿烂与辉煌，展示了中国这一古老国度的魅力与绚烂。这是一份宝贵的遗产，值得我们每一位炎黄子孙珍视。

　　历史不会永远眷顾任何一个民族或一个国家，当世界进入近代之时，曾经一千多年雄踞世界发展高峰的古老中国，从巅峰跌落。1840 年鸦片战争的炮声打破了清帝国"天朝上国"的迷梦，从此中国沦为被列强宰割的羔羊。一个个不平等条约的签订，不仅使中

1

国大量的白银外流，更使中国的领土一步步被列强侵占，国库亏空，民不聊生。东方古国曾经拥有的辉煌，也随着西方列强坚船利炮的轰击而烟消云散，中国一步步堕入了半殖民地的深渊。不甘屈服的中国人民也由此开始了救国救民、富国图强的抗争之路。从洋务运动到维新变法，从太平天国到辛亥革命，从五四运动到中国共产党领导的新民主主义革命，中国人民屡败屡战，终于认识到了"只有社会主义才能救中国，只有社会主义才能发展中国"这一道理。中国共产党领导中国人民推倒三座大山，建立了新中国，从此饱受屈辱与蹂躏的中国人民站起来了。古老的中国焕发出新的生机与活力，摆脱了任人宰割与欺侮的历史，屹立于世界民族之林。每一位中华儿女应当了解中华民族数千年的文明史，也应当牢记鸦片战争以来一百多年民族屈辱的历史。

当我们步入全球化大潮的 21 世纪，信息技术革命迅猛发展，地区之间的交流壁垒被互联网之类的新兴交流工具所打破，世界的多元性展示在世人面前。世界上任何一个区域都不可避免地存在着两种以上文化的交汇与碰撞，但不可否认的是，近些年来，随着市场经济的大潮，西方文化扑面而来，有些人唯西方为时尚，把民族的传统丢在一边。大批年轻人甚至比西方人还热衷于圣诞节、情人节与洋快餐，对我国各民族的重大节日以及中国历史的基本知识却茫然无知，这是中华民族实现复兴大业中的重大忧患。

中国之所以为中国，中华民族之所以历数千年而不分离，根基就在于五千年来一脉相传的中华文明。如果丢弃了千百年来一脉相承的文化，任凭外来文化随意浸染，很难设想13亿中国人到哪里去寻找民族向心力和凝聚力。在推进社会主义现代化、实现民族复兴的伟大事业中，大力弘扬优秀的中华民族文化和民族精神，弘扬中华文化的爱国主义传统和民族自尊意识，在建设中国特色社会主义的进程中，构建具有中国特色的文化价值体系，光大中华民族的优秀传统文化是一件任重而道远的事业。

当前，我国进入了经济体制深刻变革、社会结构深刻变动、利益格局深刻调整、思想观念深刻变化的新的历史时期。面对新的历史任务和来自各方的新挑战，全党和全国人民都需要学习和把握社会主义核心价值体系，进一步形成全社会共同的理想信念和道德规范，打牢全党全国各族人民团结奋斗的思想道德基础，形成全民族奋发向上的精神力量，这是我们建设社会主义和谐社会的思想保证。中国社会科学院作为国家社会科学研究的机构，有责任为此作出贡献。我们在编写出版《中华文明史话》与《百年中国史话》的基础上，组织院内外各研究领域的专家，融合近年来的最新研究，编辑出版大型历史知识系列丛书——《中国史话》，其目的就在于为广大人民群众尤其是青少年提供一套较为完整、准确地介绍中国历史和传统文化的普及类系列丛书，从而使生活在信息时代的人们尤其是青少年能够了解自己祖先的历史，在东西南北文化的交流中由知己到知彼，善于取人之长补己之短，在中国与世界各国愈来愈深的文化交融中，保持自己的本色与特色，将中华民族自强不息、厚德载物的精神永远发扬下去。

《中国史话》系列丛书首批计 200 种，每种 10 万字左右，主要从政治、经济、文化、军事、哲学、艺术、科技、饮食、服饰、交通、建筑等各个方面介绍了从古至今数千年来中华文明发展和变迁的历史。这些历史不仅展现了中华五千年文化的辉煌，展现了先民的智慧与创造精神，而且展现了中国人民的不屈与抗争精神。我们衷心地希望这套普及历史知识的丛书对广大人民群众进一步了解中华民族的优秀文化传统，增强民族自尊心和自豪感发挥应有的作用，鼓舞广大人民群众特别是新一代的劳动者和建设者在建设中国特色社会主义的道路上不断阔步前进，为我们祖国美好的未来贡献更大的力量。

陈奎元

2011 年 4 月

⊙杜 勇

作者小传

　　杜勇，男，1956年生，四川旺苍人。先后就读于四川师范学院和北京师范大学，1996年获历史学博士学位。现为天津师范大学社科处处长、历史文化学院教授、博士生导师，兼任中国先秦史学会副会长。主要从事先秦历史文化和历史文献研究，承担国家和省部级科研项目多项，出版《〈尚书〉周初八诰研究》、《金文断代方法探微》等著作多部，在《光明日报》、《历史研究》、《中国史研究》等各类报刊发表学术论文60余篇。

⊙周宝宏

作者小传

　　周宝宏，男，1957 生，辽宁省沈阳市人。1994 年吉林大学古籍研究所古文字学专业毕业，并获博士学位。现为天津师范大学文学院教授，主要从事古文字和古汉语教学与研究。承担国家和省部级项目多项，出版《逸周书考释》、《尚书词义研究》、《尔雅义疏补证》、《古陶文研究》、《近出西周金文集释》、《西周青铜重器铭文集释》等专著六部，发表金文字词考释方面论文数十篇。

目 录

一 什么是金文

金文，虽不是金光灿烂的文字，但透过她却能了解中国古代文明的绚丽与辉煌。从金文一脉相传而来的中国汉字，所承载的文明成果依然熠熠生辉，而千万篇金文更将失落已久的古典文明画卷般地呈现在世人面前。

 金文与金文学

（1）金文的名义。

金文是铸刻在商周青铜器上的铭文。中国青铜器的产生与发展主要在先秦时期，秦代以后日渐式微，其价值已无足轻重了。战国以前的铭文大多是铸造在青铜器上的，战国时代及以后的铭文一般在青铜器上加刻而成。铸刻在青铜器上的铭文之所以被称做金文，是因为古人把青铜看做金（金属）的一种。如《正字通·金部》说："金，五色金也。白金银，青金锡铅，赤金铜，黑金铁，黄金为之长。"古代青铜主要是铜和锡的合金，也有铜、铅合金的，或为铜、锡、铅合金

的。因此，铸刻在青铜器上的铭文，顺理成章被称为
金文。

金文又称钟鼎文。古代青铜器的种类很多，以礼
器、乐器为其大宗。礼器以鼎居多，乐器以钟为最。
于是前人将钟鼎作为各种青铜器的总称，铸刻在青铜
器上的铭文也相应被称做钟鼎文。

此外，金文还有钟鼎彝器款识、钟鼎款识、彝器
款识一类名称。款识是指铸刻的文字，但款与识又有
区别：款是指刻在青铜器上字体瘦小并凹入青铜器的
阴文，识是指铸在青铜器上字体肥大并凸出在青铜器
上的阳文。所谓彝器，则为青铜器的别称。《说文》：
"彝，宗庙常器也。"这是说彝器是宗庙祭祀时所常用
的器具。商周时期，宗庙祭祀常用的器具就是青铜器，
故而青铜器铭文又称彝器款识或彝铭。

（2）新兴学科金文学。

中国汉字是世界上最古老的文字之一，三千多年
来一直行用不衰，至今仍保持着适应时代发展需要的
强大活力和旺盛生命力。就中国汉字书体的发展演变
来说，一般分为篆、隶两个阶段。历史上通常把秦和
秦以前的汉字称为"篆体"，把两汉及以后的汉字称为
"隶体"，草体、楷体亦相继而兴。在篆体字中，又把
秦以前的文字称为"大篆"，把秦统一后的文字称为
"小篆"。由于古人多认为大篆是周宣王时史籀所作，
故又称大篆为"籀文"。实际上，篆文起源甚早，甲骨
文、金文均属此类。

目前所知考古发掘的铜器铭文，见于商代早期。

20 世纪 50 年代，河南郑州白家庄二里冈期的二号墓，出土铜罍的颈部有 3 个龟形图案，学者以为应是"黾"字，此即最早的金文。商代晚期，随着甲骨书契的迅速进步，铜器铭文的铸造也逐渐兴盛起来。当时铭文字数不多，或一二字，或四五字，内容较为简单。到了殷朝末年，出现了几例数十字的金文，但仍未超过50 字。西周时期，有铭铜器大为增加，鸿篇巨制的金文每有所见，有的已多达四五百字，具有明显的书史性质。春秋时期，王室衰微，诸侯力政，具有明显地域特色的金文随之发展起来。其内容一般多为联谊婚姻、夸耀祖先之类。战国时期，金文发展走向衰落，铭刻主要起"物勒工名，以考其诚"的作用。

从殷商到战国时期的金文，传世和出土的数量都非常巨大。据《殷周金文集成》、《近出殷周金文集录》、《近出殷周金文集录二编》加以统计，截至 2007年年底，已有殷周金文 14740 件，其单字总数不下5000 个。《金文编》（第四版）正编收录单字已达 2420个，附录上"图形文字"610 个，附录下单字 741 个，三者相加共 3771 字。另据张亚初《殷周金文集成引得》总结归纳，金文单字总数为 4972 个。张亚初说："这个统计数不能视为绝对。不同的学者，对单字有不同的认识，其所作单字统计数，肯定不会一样。……目前所见金文单字总数，包括新发表而《集成》没有来得及收的新器铭文，如果用 4792 加五十来表示，应是大体符合当前的实际情况的。"这些大多属于新发现的铜器铭文资料，为金文学研究提供了广阔的空间。

　　金文学与甲骨学、简帛学构成古文字学的三大研究领域，是历史学、考古学、古文字学的重要分支学科。它从宋代以来的金石学脱胎而出，由古玩欣赏、传统"小学"到注入近代科学的元素，从而成为富有时代特色的新兴学科。内容包括金文著录、释读、分期断代、历史内容研究，以及作为金文载体的青铜器类型、纹饰、工艺、辨伪、出土情况研究，等等。随着现代考古学的发展，商周金文研究的科学性显著增强，研究队伍日益扩大，高端学术成果不断涌现，从而极大地推动了金文学的繁荣与发展。

金文的格式、内容和价值

　　（1）金文的格式。

　　在晚商和西周早期，金文尚无规范统一的格式。西周中晚期以后，金文的表现形式日趋程式化。据马承源等《中国青铜器》研究，商周金文的格式约有12种：徽记、祭辞、册命、训诰、记事、追孝、约剂、律令、符节诏令、媵辞、乐律、物勒工名等。其中比较重要的是以下几种。

　　徽记　商代的金文多为徽记，字数较少，或记器主的名字，或绘作器者的族徽。如郑州白家庄早商青铜罍上的"黾"字、殷墟妇好墓青铜器上的"妇好"、周初大保方鼎上的"大保铸"、大祝禽鼎上的"大祝禽鼎"等。

　　册命　西周时期，天子任命、赏赐官员要举行典礼仪式，受册命者所铸铜器铭文多属此类。其格式主要包括时间、地点、受册命者、册命辞、称扬辞、作器者、祝愿辞等组成部分，如康鼎、王臣簋、颂鼎等铭文。

训诰 主要记载周天子赏赐臣下时所作的训示。训为教诲之辞，诰乃告诫之语。其核心部分是有"王若曰"、"王曰"一类劝勉性的诰辞。西周时期的何尊、大盂鼎、毛公鼎诸铭即为训诰。

记事 此类格式较为随便，题材丰富，数量最多，主要盛行于西周，多为纪功、获赏、从征、出使等方面的内容。如彧簋铭记彧"御戎"的战功，德簋铭记德获得"贝廿朋"的赏赐，过伯簋铭记过伯"从王伐反荆"，驹父盨铭记驹父出使"南淮夷"，新出燹公盨铭追溯大禹"堕山浚川"事等。

追孝 商周时期，贵族祭祖时所铸的青铜器铭文，常常夸耀自己祖先的业绩和美德，用以奉行孝道，保持家族的尊荣地位。如史墙盘铭文，前半部颂扬周朝先王和当代天子的功烈，后半部记述自己祖先的业绩，最后是自赞和求福之辞。又如新出逨盘铭文，前一部分叙述单氏家族 8 代人辅佐西周 12 王的功绩，中间部分记周宣王对逨的诰辞，文末表明逨作尊盘是"用追享孝于前文人"。

约剂 即券书契约，记录有关税收、买卖、讼事、土地转移等内容。在西周金文中，曶鼎铭文即记曶与限因人口买卖、匡季抢夺曶禾而发生的讼事，散氏盘、琱生簋、三年卫鼎、五祀卫盉诸铭，则记载有关土地转移、交割和契约手续。

金文格式是其内容的外在表现形式，并受内容所制约。有些短篇金文内容简略，格式单一，而有些长篇金文内容繁复，则常有多种格式并存。

（2）金文的内容与价值。

商周金文的内容十分丰富，涉及政治、经济、军事、文化诸多方面，是研究当时历史与文化的重要实物文献。根据金文内容侧重点的不同，大体可分为祭祀、军事、礼制、封国、交易、诉讼、纪年等不同类别。

祭祀类 古代"国之大事，在祀与戎"。《礼记·祭统》说："论撰其先祖之有德善、功烈、勋劳、声名列于天下，而酌之祭器自成其名焉，以祀其先祖。"祭祀作为国家大事，在商周金文中多有反映。

商末四祀邲其壶铭文，记载帝辛四年十二月连续三日祭文武帝乙之事。二祀邲其卣记载正月丙辰祭大乙的配偶妣丙事。周成王时的何尊铭，记成王迁都成周，按照武王礼举行福祭。穆王时剌鼎铭，记穆王禘祭昭王。士上盉铭说到的禴祭（夏祭），段簋言及的蒸祭（冬祭），则为四时之祭。

周人祭祀，是以上帝为中心包括对百神（自然神）和祖先神在内的祭祀。武王时的天亡簋铭，记王在辟雍，祭祀上帝以文王为配之事。康王时的大盂鼎铭说："丕显文王，受天有大命，在武王嗣文作邦。"胡簋铭说："唯皇上帝百神，保余小子，朕猷又成无竞，我唯司配皇天王。"祭祀天帝而以文王、武王相配，强调的是天子受命于天。这种祭祀，是周人天命观的反映。

在西周贵族追孝先祖功德的铜器铭文中，常有"文考"（亡父）、"前文人"（有文德的先祖）等称谓。清末学者据以考证指出，《尚书》的《大诰》、《君奭》篇中"宁王"、"宁武"、"宁考"、"前宁人"的"宁"字，应为"文"字之误。这是利用金文校勘《尚书》一个前无古人的重要发现，充分体现了金文研究的学术价值。

军事类 征伐是与祭祀同等重要的国家大事，商周金文所见尤多，成为研究国家军事与民族关系的重要史料。商小臣俞尊铭，记有"唯王来征人方"之事。周初利簋铭，记武王伐商的时间是"甲子朝"，与文献相印合。成王时小臣单觯铭，记周公东征"克商"事，塱方鼎铭记周公"征伐东夷"事。共王时史墙盘铭，记昭王"广批楚荆，唯狩南行"，宣王时逨盘铭亦记昭王"搏伐楚荆"，可与史书载记昭王十六年和十九年两次大规模伐楚相参证。而成王时的令簋、禽簋、刚劫尊诸铭，所记成王东伐中原楚国之事，则为文献所失载。

《诗·小雅·六月》说尹吉甫奉周宣王之命："薄伐猃狁，至于太原。"猃狁亦即鬼方，一直是西周国家的北方劲敌。康王时的小盂鼎铭，记载周人与鬼方的两次战役，生擒其酋长4人，斩首5100余人，第一次俘人13081人。此为周人抗击猃狁的最早记录。厉王时的多友鼎铭，记猃狁进犯京师，武公命多友率兵追击，凡杀敌350余人，生擒28人，并缴获大量兵车与物品。兮甲盘铭记宣王五年，王命兮甲（尹吉甫）随从征伐猃狁，斩获有功。虢季子白盘铭记宣王十二年，虢季子白在洛水之阳抗击猃狁，因功获赏。

西周时期，淮夷是周王室赋税的重要来源地，以其叛服无常，亦曾多次遭到征伐。穆王时的彧方鼎铭，记载了彧奉命"率虎臣御淮戎"。厉王时的敔簋铭，记淮夷反叛打到西周腹地"阴阳洛"。禹鼎铭记"鄂侯驭方率南淮夷东夷广伐南国东国至于历内"，王命西八师、殷六师攻敌不克，后来武公派遣禹率领兵车 100 辆，车兵 200 人，步兵 1000 人出战，终于俘获鄂侯。胡钟铭记讨伐南南及子，时有南夷东夷 26 邦来觐周室。宣王时的师寰簋铭，记王命师寰率齐、纪、莱等国武装和宿卫军征伐淮夷，剿灭了淮夷四个邦的首领。

有关东周战争的铭文，记有子犯编钟记晋文公在城濮打败楚师的战事，中子化盘记楚王攻伐莒国的战事，晋姜鼎记攻伐繁阳获取吉金的战事，中山王䇃壶记中山相邦攻伐燕国的战事，鄂君启节记楚国大司马昭阳在襄陵大败魏军的战事。凡此皆可印证或补充历史文献。

礼制类 《周礼》讲官制，多不可信。西周金文却有不少有关西周官制的内容。据毛公鼎铭文，西周中央政权有两大官署，即卿事寮和太史寮，是执政的最高权力机关。又据令方彝铭，知卿事寮主管"三事四方"政务，其主官执掌军政大权，可以对卿事寮属官、各级官长、地方官、诸侯等发号施令。金文中许多官名及其所辖的具体职务，是研究西周政制典章的可靠资料。西周实行世卿世禄制，在恭王以后的金文中多有记载。如伯晨鼎铭，记伯晨被册封为䣄侯，即是继承其祖考的职位。又师虎簋铭文，记师虎被任命为左右军高级御马之官，亦是受其祖考的福荫。曶鼎铭明确记载，王命曶"更（赓）乃祖考司卜事"。

有关西周其他礼仪制度的金文，同样可与文献相参证。如成王时的保卣铭，即记四方诸侯朝觐助祭之礼。令鼎铭记"王大耤农于諆田"，是举行大耤田之礼。穆王时的长甶盉铭，记载"穆穆王在下减居，穆穆王飨礼，即井伯大祝射"。是为先飨后射之礼。遹簋铭记穆王在辟雍大池"飨酒"，即举行乡饮酒礼。懿王时的盠驹尊铭，记周王赏赐盠两匹驹，曾举行祭祀马神的执驹之礼。

封国类 分封诸侯，以藩屏周，作为西周王朝一项基本的政治制度，也在金文中得以体现。康王时的大盂鼎铭，记载周王分封诸侯要"授民授疆土"，宜侯夨簋铭记虞侯夨改封宜侯时，即有赐土、赐民的具体记载。趞尊、中方鼎铭还有对贵族封赐采地的记录。克罍、克盉铭说到"命克侯于匽"，反映了周天子对燕国分封的可信性。北赵晋侯墓地出土的有铭铜器中，"晋侯稣"、"晋侯斯"、"晋侯邦父"等铭文，对研究西周时代晋侯世系很有价值。宝鸡纸坊头、竹园沟、茹家庄遗址出土的带有"弪伯"、"弪季"等字样的铜器铭文，对研究弪国的历史和地理都是过去从未有过的资料。

关于封国诸侯间的关系，有河南平顶山发现的西周应国铜器铭文"应侯作旅鼎"、"应侯作旅簋"，表明这些青铜器系应侯自作。同时又发现邓国媵器，其四件簋铭都有"邓公作应嫚毗媵簋"字样，反映了应国与邓国的联姻关系。春秋时器吴王光鉴铭记载吴王之女叔姬嫁给蔡侯，蔡侯申盘铭记载蔡侯将其姊大孟姬"敬配吴王"。吴、蔡两国都是姬姓，这种同姓相婚的现象反映了春秋时期礼制的紊乱。

交易类 西周社会的货币交易尚不发达，较为盛行的是以物易物。如懿王时器曶鼎，其铭文记载曶用"匹马束丝"，后改用青铜百锊，从限那里交换五个人。因限未能兑现，曶就告到邢叔那里，经邢叔判决始完成交易。同铭又记，匡季的家臣抢了曶的十秭禾，此事被曶告到东宫，几经调解，匡季答应赔偿曶"田七田，人五夫"，事情才算了结。

更重要的是西周中后期所发生的贵族间的土地交易。1975年，陕西岐县董家村出土裘卫四器，除穆王时器二十七年卫簋外，共王时器三年卫盉、五祀卫鼎、九年卫鼎等铭均有关于土地交易的内容。卫盉铭中记载了矩伯庶人从裘卫那里求取朝觐用的玉璋，价值八十朋贝，矩伯给了裘卫"田十田"才换得玉璋。又"舍田三田"，换取了裘卫的两个赤琥、两件鹿皮披肩、一件杂色椭圆围裙，价值二十朋贝。五祀卫鼎铭记载，裘卫为王家做了治理二川的水利工程，邦君厉答应给他"田五田"因爽约成为被告。经井伯等大臣判决，裘卫最后得到"田四田"，并勘定了田界。九年卫鼎铭记载，裘卫用车马用器交换矩伯的一片林地，并给林地管理者颜氏送了礼物，得以封土为界，完成交割。共王时期的格伯簋铭，记载了格伯从倗生那里获取四匹良马，格伯则将其面积为三十田的土地转让给了倗生。厉王时的鬲攸从盨铭记载，章为了取得鬲从的田，就用邑来交换。鬲从前前后后从章那里得到了 13 个邑。散氏盘铭记载矢氏将其土田转让给散氏，双方派人仔细勘定田界，做成界标。

西周时期，土地所有权名义上属于天子，正所谓"溥天之下，莫非王土"，而受封诸侯只有使用权，且须缴纳赋税。但到了西周中后期，贵族间的土地交易时有发生，反映了当时"田里不鬻"的土地制度开始发生变化。这些反映土地制度发生变化的资料都是历史文献中不曾见到的。

诉讼类 西周金文中有关法律诉讼方面的内容，同样弥足珍贵。如曶鼎前半段记载曶与效父为买卖"人五夫"的讼事和判决，后段记载匡季指使家臣抢夺曶禾的讼事。又如宣王时琱生簋铭，记载琱生父亲止公占有的"仆庸土田"僭越周制，因而被告发。琱生给召伯虎馈赠礼物，请从中斡旋，最后平安无事。

最有名的是 1975 年陕西岐县董家村出土的㺇匜铭文，共 157 字，是我国迄今发现的最早一篇法律判决书。判词是说有个名叫牧牛的人，与其上级叫㺇的为了争夺人五夫而发生诉讼。法官伯扬父定下判词，谴责牧牛诬告上级，并说按照牧牛的罪行，应该被鞭打一千下和处以墨刑。又说"今大赦汝，鞭汝五百，罚汝三百锊"。即对牧牛大赦而减刑，只鞭打五百下，罚铜三百锊。铭文内容可与《尚书·舜典》"鞭作官刑，扑作教刑，金作赎刑"，《国语·齐语》"薄刑用鞭扑"互补。铭文对研究西周法律史有着极其重要的价值。

纪年类 西周时期有一部分铜器铭文在记述史事时，还交代了具体的时间，具备较为完整的历日要素。如十五年趞曹鼎铭文，开篇就说："唯十又五年五月既生霸壬午，恭王在周新宫。"其历日要素包括王年（恭王十五年）、月序（五月）、月相（既生霸）、纪日干支（壬午）等四个部分。就目前所见，具有这种全历日要素的西周金文并不多，总共也就60余件，而且集中在穆王以后的西周中晚期。例如：

穆王时器鲜簋铭："唯卅又四祀，唯五月既望戊午。"

共王时器五祀卫鼎铭："正月初吉庚戌……唯王五祀。"

懿王时器智鼎铭："唯王元年六月既望乙亥。"

孝王时器达盨盖铭："唯三年五月既生霸壬寅。"

夷王时器克钟铭："唯十又六年九月初吉庚寅。"

厉王时器𩵋攸从鼎铭："唯卅又一年三月初吉壬辰。"

宣王时器吴虎鼎铭："唯十又八年十又三月既

生霸丙戌。"

　　幽王时器柞钟铭："唯王三年四月初吉甲寅。"

　　这类历日要素齐全的金文，对考索久已失传的西周列王年代具有重大的科学价值。夏商周断代工程所作《西周金文历谱》，就是主要依据这类金文资料来考证西周王年的。

　　以上所说商周各类金文，数量众多，内容宏富，可靠性强，不仅可以印证或纠正历史文献，而且补充了大量前所未见的史事，对于探索商周历史文化和中国早期文明的发展具有不可低估的史料价值。郭沫若在《两周金文辞大系考释》初序中说："传世两周彝器，其有铭者已居三四千具以上，铭辞之长有几及五百字者，说者每谓足抵《尚书》一篇，然其史料价值有过之而无不及。"这是很有见地的。

二 金文载体

商周金文的初始载体是青铜器。青铜器在中国的发展源远流长，并以品类繁多、制作精美著称于世。为了研究工作的方便，金文纸质载体、电子载体亦相继而生。各种载体千帆竞发，进一步把金文研究从"绝学"推向"显学"。

 青铜器源流

（1）青铜器类别。

青铜器的分类，主要是为了区分青铜器的性质和作用，以利于研究各自所形成的器形体系。由于人们观察问题的角度不同，对青铜器的分类也多种多样。这里不具体讨论青铜器的科学分类问题，只就与金文关系较为密切的几种青铜器类型略作叙述。

烹饪器 主要包括鼎、鬲、甗等。

鼎有烹煮肉食、实牲祭祀和燕享等用途。一般为圆腹，两耳，三足，少数为四足。

鬲为煮食器。一般为侈口，三空足。

甗是蒸饭器。全器分为上下两部分，上部用以盛米，称为甑，下部为鬲，用以盛水，中间有算以通蒸气。

盛食器　主要有簋、盨、簠、敦、豆、铺、盂等。

簋为盛放黍、稷、稻、粱等饭食的器具。一般为圆腹，侈口，圈足，有两耳。

盨亦为盛放饭食的器具。体呈椭方，敛口，鼓腹，双耳，圈足，有盖。

簠是祭祀和宴飨时盛放饭食的器具。长方体，口外侈，四短足，有盖。

敦是盛食器。基本形制是上下内外皆圆，盖与器相合，成球体形或卵圆形体，但也有上下不完全对称或完全不对称的；三短足，两环耳，器常有钮。

豆是专备盛放腌菜、肉酱制品的器具。上有盘，中有长握，下有圈足，多有盖。

铺为盛食器，与豆相似。其特点是盘边狭而底平，与豆盘作碗形或钵形有较大的区别，且圈足甚粗而矮，多为镂空，没有形成似豆的柄。

盂为大型盛饭器，兼可盛水盛冰。一般为侈口深腹，有兽首耳或附耳，耳有双耳或四耳。

酒器　主要有尊、卣、方彝、罍、瓿、壶、爵、角、斝、觯、斗、觥、盉、勺等。

尊为高体的大型或中型的容酒器。其形体可分为有肩大口尊、觚形尊、鸟兽尊等。

卣是专门盛香酒的酒器。一般形状为椭圆口，深腹，圈足，有盖和提梁，腹或圆或椭或方，也有作圆

15

筒形、鸱鸮形或虎食人形的。

方彝指器体作方形的一种盛酒器。方彝的截面纵短而横长。有屋顶形盖，下为圈足，每边中央留有或大或小的缺口，大多有四条或八条棱脊。

罍为盛酒器或盛水器。有方形和圆形两种形式。方形罍肩宽，两耳，有盖；圆形罍大腹，圈足，两耳。

瓿为盛酒器。其形制为敛口，无颈，鼓腹较大，圈足。

壶为盛酒或盛水器。一般为长颈，直口，鼓腹，圈足，有盖。

爵为饮酒器。一般形状是前有流，即倾酒的流槽，后有尖锐状尾，中有杯，一侧有鋬，下有三足，杯口有两柱。

角为饮酒器。形状似爵，但无流无柱，前后均为尾状，有的有盖，盖或作展翅之鸟形。

觚为饮酒器。长身，侈口，口底均呈喇叭状。

觯为饮酒器。或为扁体，或为圆体。扁体觯的形状为椭扁体，侈口，束颈，深腹，有圈足，多数有盖。圆体觯形似侈口小壶状。

斝为盛酒行裸礼之器，兼可温酒。形状似爵，三足，两柱，一鋬。

觥为饮酒器或盛酒器。为椭圆形腹或方形腹，圈足或四足，有流有鋬，盖一般作成有角的兽头形，如牛、羊、龙、虎等。

盉为调和酒水的器具。一般为圆口深腹，前有管状流，后有鋬，下有三足或四足，盖与鋬之间有铜链相连接。

勺为取酒器。一般作短圆筒形，旁有柄。

水器　主要有盘、匜、鉴、缶等。

盘是承水器。商周贵族宴飨时要行沃盥之礼，沃盥时盘匜（或盉）相需为用，即用匜（或盉）浇水于手，以盘承接弃水。多为圆形，浅腹，圈足或三足，有的还有流或双耳。

匜为盥手注水之器。其形如瓢，前有流，后有鋬，下有三足或四足，有的带盖。

鉴为盛水或冰的器具。一般形体较大，大口，深腹，无足或有圈足，多有两耳或四耳。

缶为盛水器。一般为圆腹，有盖，肩上有环耳，下为平底、圈足或三小足。

乐器　主要有铙、钟、镈、铎、鼓、錞于等。

铙是我国最早使用的青铜打击乐器之一，又称为钲和执钟。其体形似铃而稍大，口部呈凹弧形，铙体横截面呈阔叶片，两侧角尖锐，底部置有一中空圆管状的小柄，可安置木把。使用时口朝上，以槌敲击。

钟为周代青铜打击乐器。从铙演化而来，基本形式是在两侧尖锐的扁体共鸣箱上部的平面上，有一个可悬的柄。斜挂的钟称为"甬钟"，直悬的钟称为"钮钟"。而有些大小相次的悬挂钟，被称为"编钟"。

镈为大型单个打击乐器。其形制与钮钟相同，但形体较大，亦即特大钮钟，是用以指挥乐队的节奏性乐器。

铎为撞击乐器。其形体似铙，但比铙小，器体短阔，口部呈弧形，腔内有舌，顶部有长方内空的銎，以纳木柄。铎是用于军旅和田猎的乐器。

鼓为打击乐器，用于战争中指挥进退或宴飨乐舞中。有横置和立置两种形式，鼓面或可蒙革，或直接做成青铜鼓面。

錞于为打击乐器。其形为上大下小的圆筒状，顶上有钮，钮多作虎形。錞于在军中与鼓相和使用，以指挥部队的进退。

（2）青铜器纹饰。

青铜器纹饰是装饰在青铜器表面的花纹图案。它不仅具有较强的装饰效果，也强烈地表现了商周时期的社会思想、宗教意识及美学观念。它与青铜器的器形设计相结合，构成了古代青铜艺术的完美统一。

兽面纹　旧称饕餮纹。饕餮之名本于《吕氏春秋·先识览》："周鼎著饕餮，有首无身，食人未咽，害及其身，以言报更也。"宋人将青铜器上表现兽的头部或以兽的头部为主的纹饰都称为饕餮纹。实际上这类纹饰是各种各样动物或幻想中的物象头部的正面视觉图案。

兽面纹是商代至西周中期青铜器上最常见的装饰主题。它是以动物头部正面形象为其主要部分，运用夸张和象征的手法，组成一种巨睛阔嘴、额鼻隆起的形象。其特点是以鼻梁为中线，两侧作对称排列，上端第一道是角，角下有目，有的目上还有眉。目的两侧有的有耳，多数兽面纹有曲张的爪，两侧并有左右展开的体躯和兽尾。但同头部相比，身躯的比例明显偏小，这就使兽面的形象更为突出，强调了兽面纹威严肃穆的宗教气氛。

兽面纹在表现方法和技巧上，随着时代的发展又有所不同。商代早期仅突出一双眼，商代晚期时才又突出了角。到了西周以后，这种纹饰极为发达，尤其是角型多有变化，种类日益繁多，大致有如下几种类型：环柱角型、牛角型、外卷角型、羊角型、内卷角型、曲折角型、双龙角型、长颈鹿角型、虎头型、熊头型、龙蛇集群型等。

龙纹 旧称夔纹或夔龙纹。一般是以传说中的龙的侧面形象构图，龙的头部较大，张口卷唇，头顶有角，身体蜿蜒，卷尾利爪。这是一种侧面写形的龙纹，但也有一些变式。按照图案的结构，龙纹可以分为爬行龙纹、卷体龙纹、交体龙纹、双体龙纹、两头龙纹等。

凤鸟纹 包括凤纹和各种鸟属的图案。鸟纹的特征比较形象，凤则是鸟的羽饰和鸟冠华丽的理想神鸟。在青铜器上，虽然商代早中期已有变形的鸟纹，但常布置在纹饰中的次要地位。到了商末周初及至西周中期昭穆之时，凤鸟纹大量出现。凤纹的冠装饰华丽，大致有多齿冠、长冠和花冠三种形式。鸟纹中绝大部分的鸟喙是闭合的弯钩形，都有角或毛角，角的形式大致有弯角、长颈鹿角和尖角等。

窃曲纹 又有人称为变形兽体纹。其特征是每一种图案的主要母题皆为卷曲的细长条纹。《吕氏春秋·适威篇》："周鼎有窃曲，状甚长，上下皆曲。"所述形状与此种纹饰大体相合，故旧以窃曲纹名之。窃曲纹是西周中晚期青铜器上的主要纹饰之一，可以按有无兽目分为两型。一为有目窃曲纹，由单目和曲线组成花纹图案单元；二为无目窃曲纹，只由各式曲线组成。

动物纹 即除兽面纹、龙纹、凤鸟纹等充满宗教神话色彩的动物以外的其他各种动物纹饰。主要有虎纹、牛纹、象纹、鹿纹、兔纹、蛇纹、龟纹、蟾蜍纹、鱼纹、蝉纹等。这些纹饰一般采用较为写实的手法描绘，较易辨认。但也有一些是抽象化和图案化的动物形状，如蜗身兽纹、长鼻兽纹等。

此外，还有火纹、几何纹、人物画像以及其他纹饰。

（3）青铜器时代特征。

中国青铜时代，历经夏、商、西周和春秋时期，约 1500 年。在这个极为漫长的岁月里，中国青铜器也有其自身发展演变的过程，具有不同的时代特征。

早期青铜器 又称为夏代青铜器，或"二里头文化期"青铜器。

从目前的考古资料来看，黄河上游马家窑文化（距今 5000～4000 年）出土的青铜刀，是我国发现的最早的青铜制品。但作为中国进入青铜时代标志的考古发现，是二里头文化的青铜器。

二里头文化遗址出土的青铜器主要有爵、鼎、斝、盉等容器，锛、凿、锥、刀、鱼钩等工具，镞、戈、戚等兵器。多合范技术、镶嵌铜器工艺业已出现。这一时期的青铜器，一般形制较小，多为素面，尚无铭文。二里头青铜文化，在我国青铜冶铸史上是一个承上启下的重要阶段。

商代青铜器 商代青铜器的发展，可分为前期和后期两个阶段。

商代前期的青铜器以郑州二里冈遗址为代表，较二里头文化青铜器有了很大的发展。象征王权的大型礼器开始出现，且造型准确、器壁匀薄、工艺水平较高。例如郑州张寨出土的两个大方鼎，一个通高 100 厘米，重 86.4 公斤，另一个通高 87 厘米，重 64.25 公斤。青铜器的组合体制日臻成熟，酒器主要有爵、觚、斝、尊、罍、盉、卣等；食器主要有鼎、鬲、甗、簋等；青铜工具、兵器等种类大都齐备。纹饰以兽面纹为主，由粗犷的勾曲回旋线条构成，全是变形纹样。其时铭文不多，仅处萌芽状态。

商代后期的青铜器以安阳殷墟为代表，是中国青铜文化发展的第一个高峰时期。这一时期的青铜器冶铸业，以殷都为中心，辐射到全国各地。青铜器的品种与器形进一步增多。如食器中增加了盏、匕、三联甗，酒器中增加了方彝、偶方彝、角、壶、兕觥、鸮卣、壶形盉、长颈提梁卣、勺等，乐器中增加了铙等，武器中增加了銎内戈、歧冠曲内戈等。鸟兽尊形象逼真，大型方形器增多，著名的"司母戊"大方鼎即重 875 公斤。青铜纹饰种类繁多，繁缛富丽，不但有主纹，也有衬托花纹，有的已采用平雕与浮雕相结合的技法，显得生动精绝。铜器铭文多至数十字，内容日渐丰富起来。

西周青铜器 西周时期是我国上古文明史中极为重要的一个历史阶段，青铜器作为当时物质文明的辉煌成果也取得长足的进步，其显著标志是青铜器种类的增多和铭文内容的丰富，从而大大提高了西周青铜器的史料价值和考古学上的学术意义。

西周青铜器的发展大致经过两个阶段，自武王起至穆王止为第一阶段。其器物造型基本继承了商代的风格，保持了厚重庄严的王家气派，但器物的种类和数量远胜于商。食器中鬲与豆减少，鼎、簋、甗增多。酒器品种齐全，其中爵、觚、方彝、兕觥等数量较商代大为减少。乐器中出现了三件一组的编钟。兵器有新增的勾戟、剑。在形制方面，三足器柱足与兽形足并存。大型鼎气度厚重，四耳簋格制一新。一些新的器形如平盖腹耳鼎、鼓腹方彝、有附耳的折档高领鬲、四足甗、四足盉、方形圆口尊、带把圆尊、双耳盘，特别是方座簋，被学界称为周人的创造。在纹饰方面，兽面纹和夔纹为其主要题材，还新出现了鸟纹、兔纹等。此时铭文有了很大变化，文字已达上百字，内容从祭祀、征伐、赏赐到策命等，史料价值大为增强。比较有名的如大丰簋、何尊、大盂鼎、小盂鼎等。

自周恭王始至幽王止为西周青铜器发展的第二阶段。其时重食器、轻酒器的趋向更加明显，酒器中的爵、角、斝、斛、方彝基本消逝了，仅保留了壶、罍、盉、尊、鸟兽尊等；食器中增加了簠与盨等品种；水器中出现了匜等。形制上则造型简洁，偏重实用。鼎、甗多作蹄足形。簋多有盖，宽身矮体。盘多有腹耳，还有带流的盘。纹饰的变化也很大，传统的饕餮纹、夔纹逐渐消失，出现了窃曲纹、环带纹、重环纹、鳞纹等，鸟纹则继续流行。纹饰总体上向简单朴素方面发展，不免给人以粗犷、潦草之感。在铭文方面，内容更加丰富，除少量关于政治事件的记载外，大多是关于对先人业绩的追念、田亩的交易、财产的转换等，书史性质很强；同时铭文的书写及刻铸，技巧纯熟，结体圆浑，排列均匀整齐，字体严谨成体，书法艺术性大为增强。

春秋战国青铜器 春秋战国时期是我国古代历史上的社会大变革时期，古代青铜器的发展也在社会变革中进入第二个高潮。青铜器在数量、种类、工艺等多方面大大向前推进，新的生活用品、艺术品给青铜文化注入了新的内容，同时也将自身推向了衰落和消亡。

春秋时期，青铜器铸造工艺不断创新，失蜡铸造法、花纹模印法、嵌错金银、鎏金技术等被发明和运用。其时王室王臣类青铜器减少，列国诸侯制器增多。近年考古发掘的诸侯国青铜器，地域之广、数量之多均为西周所未有。在器形上，食器和乐器的种类很多，还出现新的器类，如敦、缶、盆、鉴、钲、錞于等。金属布币应运而生，官私玺印开始萌芽。在形制上，鼎足多为外翘的瘦长蹄形，且附耳有盖，盖上有 3 个小兽或 3 环小钮；簋则带方座，盖上有莲瓣装饰等。在纹饰上，出现雕镂工整的蟠螭纹，用红铜镶的狩猎图案，莲瓣与鹤成为新的动植物形象。其铭文既多且精，装饰性增强，内容则不如西周时代那样丰富了。

战国时期，铁器时代到来，宣告了青铜时代的终结，但青铜文化在总体衰落的趋势下仍有发展和特色。其时传统礼器逐渐消亡，生活用器大幅度增加。如青铜容器多为鼎、豆、敦、壶、缶、盘等，原来常见的爵、鬲等已稀见。生活用器如铜镜、带钩等大量出现。金属货币如布币、刀币、贝币、圜钱渐成体系。在形制方面，由于青铜冶炼技术的提高，器物的器壁越来越薄，盖上以三为一组的三牺、三环、三鸟造型的鼎比较盛行。有的地区特点比较明显。纹饰变化较大，原有的几何图形大大发展，并出现了许多嵌金、银、铜或绿松石等装饰；刻纹画像高度发展，内容主要是贵族礼仪活动的再现。青铜器的记事铭文大大减少，内容比较简单，多是器物的容量、重量、产地及时间等。

金文著录

（1）古今著录。

青铜器自古以来就是珍贵文物，流散秘藏于众多藏家，能够接触并作研究的人十分有限。即使公家收藏，学者使用起来也有诸多不便。只有通过著录，才能使更多的研究者广泛利用这些金文资料，真正发挥其史料价值。所谓金文著录，是指通过描摹、拓印、照相等多种手段将青铜器铭文编纂成书，作为一种研究资料公之于世。

古代金文著录始于宋，中衰于元明，兴盛于清。

第一个开始将收藏的古器物著录成书的是北宋刘敞。他编著的《先秦古器记》收录11器，摹写出青铜器的器形与铭文，成为金文著录最早的一本书。继有欧阳修编著的《集古录》，将所见彝铭和释文俱载其中。然此二书均未流传下来。其后有吕大临的《考古图》、赵明诚的《金石录》、王黼的《宣和博古图》、薛尚功的《历代钟鼎彝器款识法帖》、王俅的《啸堂集古录》等书问世，从而形成一门新的学科，即以金石文字为研究对象的金石学。

清代关于金文的著录为数甚多，水平大为提高。王国维《国朝金文著录表》未录《西清古鉴》一类官方著作，仅收私人所著专集即有16种。孙稚雏《金文著录简目》引用清代书目，更达35种之多。其中比较重要的，有梁诗正等奉敕编撰的《西清古鉴》及王杰等编《西清续鉴》，钱坫《十六长乐堂古器款识考》，阮元《积古斋钟鼎彝器款识》，曹载奎《怀米山房吉金图》，吴荣光《筠清馆金文》，刘喜海《长安获古编》，吴云《两罍轩彝器图释》，潘祖荫《攀古楼彝器款识》，徐同柏《从古堂款识学》，孙诒让《古籀拾遗》，吴式芬《攈古录金文》，吴大澂《愙斋集古录》，刘心源《奇觚室吉金文述》，端方《陶斋吉金录》等。

民国时期的金文著录，亦多至70余种。其中比较重要且至今仍有参考价值的有以下几种。

《贞松堂集古遗文》　罗振玉撰集，罗福颐摹，

25

1930 年石印本。后有补遗及续编。全书内容庞杂，取器上至三代，下迄宋元，计 2230 器。铭文有释文，有的还加以说明和考证。

《两周金文辞大系》 郭沫若著，1932 年影印本。1957 年科学出版社出版增订本，更名为《两周金文辞大系图录考释》。西周铜器按王世排列，收 250 器；东周部分按国别排列，得 32 国，收 261 器。所录器物大都有图像与铭文拓本，铭文有释文，并有简要考释。该书不仅是一部依据青铜器及其铭文研究两周历史的较有系统的编年史料，而且为研究两周青铜器的断代与国别奠定了基础，至今仍为金文研究的必读著作。

《三代吉金文存》 罗振玉辑，1937 年原拓影印本。该书是罗氏毕生搜集的金文拓本总集。全书 20 卷，分器形按铭文字数由少到多排列，共收 4831 器。至此书为止，凡传世铭文大致完备，可以说是集商周铜器铭文之大成。印制精良，内容丰富，但均无释文，于初学者有所不便。

《商周彝器通考》 容庚著，1941 年哈佛燕京学社铅印本。全书分上、下册，上册为文字叙述，下册为器物图像。上册又分上下两编：上编为通论部分，包括起源、发现、类别、时代、铭文、花纹、铸法、价值、去锈、拓墨、仿造、辨伪、销毁、收藏、著录 15 章；下编为分论部分，包括食器、酒器、水器及杂器、乐器 4 章。这在青铜器研究史上，是第一次详尽地把有关青铜器的各类问题组成具有科学系统的著作。全书 30 万言，附图千余幅，旁征博引，材料翔实，使青铜器研究脱离了旧日金石学的轨道，具有里程碑意义。后来，容庚、张维持又以此书为基础，吸收新的考古资料和学术成果，重新编写成《殷周青铜器通论》，由科学出版社 1958 年出版。

新中国建立后，考古事业蓬勃发展，新出金文资料日益增多，金文的著录和刊布出现了多元化趋势。有的金文著录于专书，有的金文出现于考古发掘报告之中，有的金文随学术文章一同发表，等等。但是，对学术研究影响大、价值高、实用性强的，是那些大型的集成性的著录。

《商周金文录遗》　于省吾编著，1957 年科学出版社出版。书前有序言一篇，说明所收铭文的文字学和史学价值。收录《三代吉金文存》未曾著录的金文拓本 616 种，主要是 1957 年以前近二三十年来所出土的青铜器。拓本按乐器、食器、酒器、水器、杂器、兵器等分类编排，每一类又以金文字数多少编排次序。该书以拓本为主，没有文字考释。

《金文总集》　台湾学者严一萍编著，1983 年台北艺文印书馆出版。全书分为 57 卷，共 10 册，附有目录索引 2 册。书中收录了自宋代以来的商周金文7228 件。所收金文以孙稚雏《金文著录简目》为依据，但略有删改。该书不仅著录器形和金文，而且收录了原书序跋，标明金文出处，以便核对。

《商周金文集成》　台湾学者邱德修编著，1983年台北五南图书出版公司发行。全书分为 10 册，前 9册收集历代传世、国内庋藏、流传海外以及 1982 年前的新出土资料，著录商周金文拓本、影本及摹本共8974件，第10册为检索目录。书中所录金文以器形分类，以字数多少排序。部分青铜器还附有器形图和花纹。与此书相配套的还有《商周金文新收编》和《金文总目》。《商周金文新收编》46卷3册，收录新出土的金文拓本700多件，是《商周金文集成》的续编。《金文总目》2册，专为检索《商周金文集成》、《商周金文新收编》、《金文总集》及相关金文资料而编纂。

《殷周金文集录》 徐中舒主编，1984年四川人民出版社出版。书中收录了1949～1980年底国内出版的书刊中已著录的殷周有铭青铜器以及未著录的有铭青铜器973件，绝大部分为新出土资料，按省、市、县地域排列。皆为摹本，大部分非原大，然有检索价值。

《殷周金文集成》 中国社会科学院考古研究所编辑，1994年中华书局出版。全书共18册，收录商周金文总计11983件。此书金文资料来源主要包括宋朝以来的各家金文著录书籍、国内外主要博物馆的收藏品，以及1949～1988年各地新出土的金文资料。该书以器形分类，以金文字数编排次序，每册之后附有各器金文字数、时代、著录、出土、流传、拓本来源以及现藏地点等说明。该书资料搜集丰富，编选精心，分类详细，是目前海内外最完备、水平最高的金文总集。

此后，中国社会科学院考古研究所又在《殷周金文集成》和"金文电脑资料库"的基础上，利用电脑程式编成《殷周金文集成释文》，由香港中文大学出版社于 2001 年出版。全书共 6 卷，内容包括《殷周金文集成》中的全部铭文、图像、说明资料，以及与铭文相对应的释文。此书考释虽间有讹误但总体较严谨，并订正了《殷周金文集成》出版之后发现的一些错误，可谓是一部翔实准确的先秦青铜器铭文数据汇编。

《近出殷周金文集录》　刘雨、卢岩编著，2002 年中华书局出版。该书是继《殷周金文集成》之后的一部集成性著作。全书共 4 册，详尽收录了《殷周金文集成》出版之后至 1999 年 5 月底新近发现的有铭铜器 1258 件，附录 96 件，共 1354 件。其体例仿照《殷周金文集成》。书后还附有《铭文人名索引》、《铭文地名索引》、《铭文官名索引》和《铭文族名索引》等，方便学者检索与研究。2010 年 5 月，刘雨、严志斌编著的《近出殷周金文集录二编》由中华书局出版。收录了 1999 年 5 月以来近十年间各地出土及发现的殷周金文 1300 余件。

《商周金文摹释总集》　张桂光主编，2010 年 3 月中华书局出版。该书收录《殷周金文集成》、《近出殷周金文集录》两书以及宋代以来至 2007 年底有过著录而《集成》、《集录》未收的青铜器铭文，计 1600 余件。全书共 8 册，是继《殷墟甲骨刻辞摹释总集》之后的又一部大型文献集成。

（2）金文索引。

金文索引类的工具书，一向为学术界所重视。容庚《金文编》是最早的一部金文字字典，但也有索引的功能。只是书中有选择性地收录单字形体而不录文句，使用起来相当不便。后来周法高在编辑《金文诂林》和《金文诂林补》时，以《金文编》的单字为基础，在收录单字形体的同时补录了文句，但只是举例性的，让人无法了解一个字在所有铭文中的用法。随着金文研究的发展，人们希望能有更为完整的铜器铭文索引问世，以嘉惠学林。于是在 20 世纪 90 年代以后，相继出现了多部这样的专书（包括光盘版），受到学术界的欢迎。

《青铜器铭文检索》 周和总编，季旭升、汪中文主编，1995 年由台北市文史哲出版社出版。该书以《金文总集》所收金文为主要依据，另外参考《商周金文集成》、《金文编》、《商周青铜器铭文选》以及当时已出版的部分《殷周金文集成》等书，共收金文约8530 件。对于使用《金文总集》、《商周金文集成》的学者而言，极具参考价值。但也有收录金文不全面、仅有检索而无释文、未能吸收最新成果等不足之处。

《殷周金文集成引得》 张亚初编著，2001 年中华书局出版。该书由个人编写的《殷周金文集成》释文、部首表、单字排序便览、《集成》逐字引得、《金文编》与《引得》收字对照表、《引得》新收字一览表、《集成》单字出现频度表等七部分组成。此书收录词条齐备，归纳科学，检索便利。同时作者又将多年所得新识之字编入此书，补充释文，方便了读者对金文的理解。该书耗费作者十年心血，具有很高的学术价值。

《金文引得》 华东师范大学中国文字研究与应用

中心编，2001 年由广西教育出版社出版"殷商西周卷"，2002 年又出版"春秋战国卷"。书中所收 2001 年上半年以前传世和出土的青铜器 13271 件（殷商西周 9916 件，春秋战国 3255 件）。全书由"释文"、"引得"、"检字"三大部分构成，形成一个由简洁文字量蕴涵丰富信息的各单字所出现的句、篇、器，以及器的著录等各层次语境的检索系统。该书虽也存在收器不全、吸收已有研究成果不够等问题，但不失为一部较有参考价值的商周青铜器铭文释文检索工具书。

《商周金文资料通鉴》（光盘版） 吴镇烽主持研发，2006 年前后发行。该光盘共收录有铭文的商周青铜器 15208 件，铭文拓本、摹本 18280 幅，器物图像 9190 幅（包括彩色照片、黑白照片或墨线图），文字资料 267 万多字。内容包括器物名称、时代、出土时间地点、收藏单位、尺寸重量、形制和纹饰描述、著录书刊、铭文字数和释文等。光盘由全文检索系统、金文字库和金文输入法组成，为学者提供了丰富的金文资料和全新的电子检索手段，具有很高的实用价值。

三 金文分期断代

金文分期断代是化彝铭为史料的基本前提。金文时代的判定，有相对年代与绝对年代之别，因而相应形成两种不同的金文断代方法，一是标准器断代法，一是历朔断代法。至于无法判定具体王世的铜器铭文，也可通过类型学的比较研究，将其归属于某一王朝的早、中、晚期。金文所属历史链条由此形成。

 标准器断代法

（1）时王生称说与金文断代。

标准器断代法是以金文中的人名事迹为中心，再参考金文载体即青铜器的形制与花纹，确定某些铜器铭文的所在王世，再由此及彼推证相关金文的时代。标准器断代法涉及的主要理论依据有三，一是时王生称说，二是康宫为康王之庙说，三是考古类型学。

时王生称说的提出　在西周青铜器铭文中，时常可以碰到文、武、成、康一类的西周王号。据有关资料略加统计，涉及西周王号的彝铭已不下 30 器，其中

32

文王、武王、成王、康王、昭王、穆王、共王、懿王、孝王、夷王、厉王等均有所见。这些王号可与文献记载相印证，在很大程度上成为金文断代的重要依据。郭沫若创立标准器比较断代法，对标准器的认定，主要就是根据各种王号透露出时代信息的铜器铭文。尽管这种器铭在当时数量并不太多，但郭氏以此为据点，终于建立了可供操作的金文断代方法体系，并比较成功地对两周320余件重要器铭进行了断代，在化彝铭为史料的探索中作出了重大贡献。

自春秋以降，西周王号一直被认为是周王死后所追加的谥号，两千多年来不曾有人怀疑过。最先对西周王号为死谥的传统说法表示异议的，是近世著名学者王国维。他首先发现金文中有一种令人惊异的"生称谥"现象，即原来被认为是死谥的成王、穆王等王号变成了生时之称。在《遹敦跋》中，他认为这些王号死称之，生亦称之，应属美名而非谥号，进而提出谥法兴于共王、懿王之后的新说。王氏这一见解，后来被称为时王生称说。继之徐中舒又著文增补宗周钟之生称昭王、趞曹鼎之生称共王、匡卣之生称懿王等材料以坚师说，谓"生时既有成昭诸称，则非死后谥法甚明"，重申谥法兴于共懿诸王以后的主张。大约与此同时，旅居日本的郭沫若在金文断代的过程中也涉及谥法问题，并作《谥法之起源》以和王说，但结论更进一步，认为谥法之兴不仅当在共懿诸王之后，而且"当在战国时代，其时学者惯喜托古作为，《逸周书》即一伪托之结晶，《谥法解》其结晶之一分子也"。

王、郭等人对时王生称说的阐扬，在学术界影响甚大。自郭氏以此作为金文断代的标准之后，就一直被金文家奉为圭臬。近二三十年来，尽管不断有学者质疑此说，但在金文断代实践上作为一项基本原则，始终不曾动摇过。

金文"生称谥"问题 从表面上看，时王生称说是可以得到金文材料的支持的。就目前所见，利簋、献侯鼎、遹簋、长由盉、十五年趞曹鼎、五祀卫鼎、匜卣等七器铭文即属这方面的材料。如十五年趞曹鼎中的"恭（共）王"，某日到了"周新宫"，又在"射庐"弋射，并赏赐史趞曹诸多兵器，分明是一个活着的人。据此判定铭文内容属于西周共王十五年发生的事，是绝无问题的。但是，我们通常所说的金文断代，其出发点虽然在于确定铭文记事内容的时代性，但实际上铭文记事内容所属时代与铭文载体即铜器制作时代并不是完全对应的。因为上一王世发生的事，也可以通过数年后的下一王世铸造的青铜器铭文反映出来。时王生称说仅仅把金文记事时代与铜器制作时代理解为对应的统一的关系，就不一定完全符合事实。

从一开始，时王生称说就存在逻辑论证上的罅漏，此即论者并未证明所据金文记事时代与其铜器制作时代的一致性，就断然否定了周代已有谥法的传统观点。时至今日，这个罅漏依然存在。如果我们考虑到这一层因素，可能对金文中"生称某王"的现象会有更合理的解释。换句话说，在趞曹鼎等七器金文记事时代与其铜器制作时代的一致性未得确证之前，假若我们尊重文献记载，从西周已行谥法的角度来看问题，对金文中有时王生称的现象就不难理解。这就是所谓"生称某王"的金文，其记事年历虽在"某王"之世，但该器的制作则在"某王"去世后的嗣王之世，因而在追述"某王"生前之事时得以使用"某王"死后才有的谥号。

不过，这里说西周王号非生称，主要是就其实质而言的，即这些王号并不是诸王生前就有的美名，可以生前身后两用不辍。至于有些王号在器铭行文中，其语境为生称，这是另一个问题。可以说，王号语境上的生称不过是表面现象，更重要的是要透过这一表面现象认清问题的实质，即西周王号是其生时就有的美称还是死后议定的谥号。过去不少人信从时王生称说，主要是从一些王号在语境上的生称来考虑的，但语境上的生称不能排除诸王死后追称其谥号的可能。主要理由如次。

第一，如果说这些王号是诸王生前就有的美名，则数百篇西周金文言及当时在位的王，进行祭祀、征伐、册命、训诰、宴飨、赏赐等诸多事宜时，就应该使用这些生时就有的美称，才符合作器者感恩戴德、"对扬王休"的意旨。可事实上除上举数器外，几乎全都以"王"或"天子"相称。这与时王生称说所界定的内涵是相抵触的。

第二，在西周铭文中有述说先王功烈并言及时王者，按时王生称说则无论先王还是时王都应以王号相称，但实际情况却是在述说先王功烈时称王号，而一旦说到时王就称"王"或"天子"。如何尊说作器者何的父辈曾服事文王，则何距文王时代必不甚远，铭中又说"唯王初迁宅于成周，复禀武王礼"，而营建成周为成王时事，知此器作于成王时，时王为成王。但铭文称时王只称"王"，并不以美名成王相称。尤其是史墙盘列举自文王到穆王诸位先王的功业时都称王号，到称颂时王时却没有依其文例称"恭王"，而是换成"天子"这种称呼。然而，时王既有王号，前文未作交代，就直接使用"王"或"天子"这种通称，总存在语义不明的问题。如果没有王号应为死谥这一特殊原因，古人为文恐不至于出现如此明显的疏漏。

第三，在遹簋和长由盉二铭中，穆王均凡三见，以"穆"字有重文，实为穆穆王。为何有这种"穆穆王"的称呼？合理的解释是，这个穆王前的"穆"字正表明穆王已死，谥以穆王的神主在宗庙中也已正式排在穆位，故制器者在追述前事时作此特别交代，并非穆王还可生称"穆穆王"。师𩛥鼎有时王称"朕皇考穆穆王"之语，正表明"穆穆王"是其死去的父亲，穆乃死谥而非生称。又鲜簋铭云："惟王卅又四祀，唯五月既望戊午，王在䢔京，禘于昭王。"李学勤考证说："当时的周王既然祭祀昭王，自然比昭王更晚。考虑到鲜簋的形制纹饰尚有西周早期遗风，它的年代不会太迟，唯一的可能便是穆王三十四年。"本铭中的时王虽为穆王，却也不生称穆王。这表明穆王也好，"穆穆王"也好，均为死谥而与生时美称无涉。

同时，在西周金文中，还有子议父谥、名谥俱见、夫妇同谥、诸侯有谥等方面的例子，为西周已有谥法提供了积极的证据，也间接地支持了西周王号为死谥的结论。因为当时的诸侯和卿大夫都有制谥之礼，而周天子没有谥号反倒成为一件不可想象的事情了。

总之，时王生称说只考虑到部分金文使用这些王号的语境，并未排除此类彝器为时王殁后所铸，并可用其谥号以追述前事的可能性，不足以成为否定西周或西周孝王以前已行谥法的理由。相反，以西周王号为死谥而非生时就有的美名，可能更接近事实。

明确西周已有制谥之法，对金文断代是有指导意义的：一是对一些"生称谥"的金文可以从语境时代和铸刻时代上分开予以考察，不致把铭文记事内容的时代推迟到生称时王的后一王世，也不致把一些有先王谥号与时王相提并论的金文看做某一先王之物；二是利用金文中出现的周王谥号，可以对上下两个王世的青铜器器物形态更确切地作出先后的区分，使类型学研究工作更为细致。

与金文王号有关的金文断代　在 30 来篇有西周王号的铜器铭文中，诸多王号的表现形式大体可分为两种：一是时王式，二是先王式。所谓时王式，是指金文中的王号代表当时在位的某王，时王生称说据以立论的铜器铭文属于此类。所谓先王式，是指金文中的王号代表作器者所处王世之前的某王，王号生称之外的其他铜器铭文属于此类。它们在金文断代中的作用是各不相同的。

在王号"时王式"的金文中，字面意义上是生称的王号，是作器者追述前朝旧事时使用了该王死后才有的谥号。铜器虽非该王本朝所铸，但铭文记事却发生在该王实际代表的王世。在金文断代过程中，为了操作方便，仍不妨从铭文角度把它们看做所称时王之世的标准器，至于对其形制、花纹、书体的观察则可从下一王世着眼。

在王号"先王式"的金文中，有一部分对断代研究作用不大，尤其是在祖述文王、武王开国之功的颂词中出现的王号。另一类王号"先王式"的金文中，列王谥号在断代研究中起着直接或间接的作用，是决定铭文时代性的主要因素。此类彝铭有天亡簋、何尊、德方鼎、宜侯夨簋、作册大方鼎、小盂鼎、剌鼎、鲜簋、师𩝹鼎、史墙盘、曶鼎、大克鼎、逨盘等器铭。其中除曶鼎、大克鼎的断代有较大争议外，其余各器分歧不大。

在此类金文中，列王谥号对铜器时代的判定，可以分为以下四种情况。

第一种情况是，有些金文标有时王对先王的亲属称谓，明确地揭示出器铭制作的时代，鲜有疑义。例如：

　　1）天亡簋："天亡又（佑）王，衣（殷）祀于王丕显考文王。"

　　2）师𩝹鼎："王曰：'师𩝹……臣朕皇考穆王'。"

第 1) 器说王之显考为文王，时王必为武王，则此器为武王时的标准器无疑。第 2) 器说王之皇考为穆王，时王当为其子恭王或孝王。李学勤认为，"师曾立于穆王之朝，且曾告王善道，对穆王有所匡正，足见穆王死时此人的年岁不能很轻，他不能活到穆王的另一个儿子第八年"。故此器应为恭王时的标准器。

第二种情况，有些金文对几位先王均称其谥号，时王仅称"王"或"天子"，则时王应为最晚一位先王的继位者。例如：

　　1) 宜侯夨簋：武王、成王、王。

　　2) 作册大方鼎：武王、成王、王。

　　3) 史墙盘：文王、武王、成王、康王、昭王、穆王、天子。

　　4) 逨盘：文王、武王、成王、康王、昭王、穆王、共王、懿王、孝王、夷王、厉王、天子。

上述第 1)、2) 器中的"王"应为成王之后的继位者康王，故器为康王之世制作。第 3) 器中的"天子"应为最晚一位先王（穆王）的继位者，故器为共王时的标准器。第 4) 器中的"天子"或"王"应为厉王的继位者宣王，故为宣王时的标准器。过去按时王生称的原则对这类铜器断代，就常常产生矛盾。如宜侯夨簋，铭中有"王省武王、成王伐商图"等语，陈梦家、郭沫若等以为武王、成王为生称，曾定此为成王时器。唐兰也同意时王生称说，但不同意说宜侯夨簋作于成王时代。他说："西周初年，王号是可以生称的，但不能有两个王号同时生称，在成王时，武王已死，如果说武王、成王连书时，成王可以是生称，那就成为一个死了的王和一个活着的王连着说了，这在文例上是不该有的。……连说武王、成王，可以证明这个宜侯夨簋应在康王时期。"唐氏解决了铭中武王、成王生称不能连书的难题，但对另一个与时王生称之义相悖的难题，即"王命虞侯夨"的"王"为什么只称王而不冠以生时王号"康王"却只字未提。又如史墙盘也有人认为是穆王时器，然铭文穆王之后曰"𤅤宁天子"，若"天子"为穆王，则与前言"祗显穆王"用语重复。可见时王生称说具体运用到金文断代中，是不好自圆其说的。

第三种情况，有一部分金文说到时王对先王举行某种祭礼，因为已称先王的谥号，时王为其子则不难判断。例如：

　　1）何尊："唯王初迁宅于成周，复禀武王礼，福自天。"

　　2）德方鼎："王在成周，延武（武王）福。"

　　3）小盂鼎："王格庙……禘周王、武王、成王……"

　　4）剌鼎："王禘，用牡于大室，禘昭王。"

　　5）鲜簋："王在莽京，禘于昭王。"

上述第1）、2）器都说到时王举行福祭，前者是用于太室山祭天，礼仪与武王封禅时相同；后者是说时王从镐京来到成周，延致福祭于武王。这都是成王在位时应做的事情，故二器为成王时物，学界几无异词。第3）、4）、5）器说到时王对先王的禘祭，其中小盂鼎中所谓"周王"应为文王，因为武王之前只有文王曾有王称并有谥号，则此器所祭先王为文王、武王、成王，成王之后是否还有康王等人，以铭辞残泐不可确知。但仅此已知这是一种名叫殷祭的大祭，故禘祭高祖以下诸王。根据彝铭文王、武王、成王连称，一般定为康王时器。若铭中成王之后的残字非康王等王号，则这种推断无疑是合理的。而剌鼎、鲜簋所禘祭的先王均为昭王，时间也同在"五月"，很可能是在夏季举行的宗庙四时祭之一。《礼记·王制》："天子诸侯宗庙之祭，春曰礿，夏曰禘，秋曰尝，冬曰烝。"这种四时之祭所祭先王必是血统最为亲近之人，故祭祀频率很高。可见在这里禘祭昭王的时王应为昭王之子穆王。且鲜簋有"惟王卅又四祀"，也符合文献记载穆王在位时间甚长的特征，所以剌鼎、鲜簋应为穆王时器。

第四种情况是，铭文中的王号对其时代的判断有一定的指示作用，但缺乏确定性，尚需别的条件来加以鉴别。例如：

1）智鼎："惟王元年六月既望乙亥，王在周穆王大室。"

2）大克鼎："克曰：'穆穆朕文祖师华父……肆克恭保厥辟恭王'。"

在上述曶鼎铭中，所谓"周穆王大室"的"穆王"只是大室的限定词，表明大室这个建筑物是在穆王死后建造的。但一个建筑可以保留很长的时间仍能使用，故时王应为穆王之后在位的某王。至于到底为何王，单从这句话是无从判定的。确定曶鼎为懿世器，大克鼎为厉世器，均需参照其他因素始可判定其时代。

通过王号"时王式"和"先王式"等一批铜器铭文时代的推定，有如以线穿珠，使原来散乱无序的铜器铭文在时代上各归各位，从而形成一条带有制约性的历史长链，关联着其他铜器的定位。因为这些铜器铭文并非孤身独处，所涉人物与事件，乃至器制、纹饰、书体等载体本身的时代特征，也都可以在别的青铜器上反映出来。根据这些线索，又可以推定一批王号时代特征不明或根本不具王号的铜器铭文的时代。可见这些时代可考的王号类金文意义重大，实际起到了一种断代标尺的作用。

（2）康宫问题与金文断代。

"康宫"是西周金文中习见的一个名词，无论是传世品，还是出土物，都时常可以在字里行间发现它的行踪。但进入春秋以后，它却悄然揖别，在各种铜器铭文中已无从寻觅了。由于现存文献不见"康宫"一词，未免给人们带来理解上的困难。如果"康宫"只是金文中的一个普通词语，即便一时弄不清它的确切含义，也不妨暂时存疑。问题在于，关于"康宫"的种种释义，都与大量西周金文的断代有关，甚至还被视为西周铜器断代的一个重要标准，这就不能不引起人们的高度重视了。

令方彝的发现与康宫释义的歧出　在西周青铜器铭文中，言及"康宫"一词的为数不少，大体上可以分为两类。一类是单言康宫的，如令方彝"明公……用牲于康宫"，卫簋"王格于康宫"，伊簋"王在周康宫"，等等。另一类是言康某宫、康宫某宫、康宫某大室的，如颂鼎"王在周康昭宫"，裘盘"王在周康宫穆宫"，吴虎鼎"王在周康宫徲宫"，克钟"王在周康剌宫"，鬲攸从鼎"王在周康宫徲太室"，望簋"王在周康宫新宫"，等等。前一类有的称"康宫"，有的称"周康宫"，其词组的重心不离"康宫"；后一类有的称"康宫某宫"，有的称"康某宫"，康宫成了限定空间范围的前缀，中心词则是昭宫、穆宫、徲宫、剌宫、新宫之类。这些不同类型的宫名长时间都未引起学者的注意，康宫问题成为人们争论的焦点，是从令方彝的发现与考释开始的。

相传 1929 年河南洛阳邙山马坡出土了一批西周青铜器，其中令方彝、令簋都有长篇的铭文，以其内容颇为重要，受到学者的广泛关注。同年 10 月，令方彝的收藏者罗振玉在日本首次公布彝铭，并发表了名为《矢彝考释》的文章，对彝铭有关内容提出了自己的看法。他说："予乍读其文，见王所以命周公者至尹三事四方，疑为命公旦摄政。既见成周及康宫字，乃知为成康以后物。文中之周公，盖公旦之后人为卿士者。……王命周公子明保，盖命周公掌邦治。"并释"宫"为庙，说"周公宫，周公旦之庙"；又本王国维之康宫为康王之庙说，称"康宫殆告康王"，意即铭中"用牲于康宫"是告庙于康王。罗氏此文并不以令方彝的年代研究为重点，所以只说令方彝为成康以后物也就了事，但在这里，他却道出了一个后来被广为遵行的金文断代标准，即凡是提到康宫一词的金文都应定在康王以后，理由就是康宫为康王之庙。

自罗振玉这篇文章发表后，鉴于令方彝铭辞的重要，特别是它与不少铜器铭刻的断代研究有关，因而对此续作考释的学者先后多至一二十家，其中康宫问题一再被学者论及，以致经历了数十年的激烈论辩，也未取得一致的意见。大致说来，人们对于康宫性质的解说，可以分为死人宗庙说与生人宫室说两大派，宗庙说又有王室宗庙与康王之庙的区别，宫室说也有时王所居之宫与王储所居之宫的不同。诸家围绕着康宫到底是不是康王之庙这一核心问题，或曰然，或曰否，观点相当对立，分歧迄未消除。这种局面对西周铜器断代研究极为不利，尤其是有些与康宫问题有关的全历日铜器如果因此断代不准，势必影响西周列王年代的考定，造成有关王年的推考与历史实际产生距离。所以这是一个需要深入探索的问题。

关于康宫非康王之庙说　主张康宫非康王之庙的学者，以郭沫若、陈梦家以及何幼琦等人为代表。

在罗振玉的考释文章问世不久，当时正在创制铜器断代法的郭沫若也先后写了《由〈矢彝考释〉论到其他》、《〈矢令簋〉考释》等文章，对罗氏的论点进行了全面商榷。郭氏首先征引鲁侯彝，以证明公为鲁公伯禽，"则周公自系为周公旦，《矢彝》自系周初之制作"。又据令簋"唯王于伐楚伯，在炎"之文，联系禽簋"王伐楚侯"与作册䰧卣"王在庐"诸器，谓"庐、炎、奄，当同是一地之异译"，诸铭所记即"周初伐淮夷践奄前后数年事"，故"王伐楚伯"之王即成王，则所谓"王姜"当即成王之后。由此定令方彝、令簋之制作时代必在成王之世。郭氏通过对令方彝、令簋时代的判断，否定了康宫为康王之庙的说法，批评罗振玉"以一字之相同而遂定为某王之庙，未免过于武断"。郭氏这些意见在后来所著《两周金文辞大系考释》中有进一步的演绎与贯彻。这时他虽也承认"京宫、康宫均宗庙之名"，但对此类宫名的解释却另有新说，认为"京（大也）、康、华、殷（亦有大义）、邵、穆、成、刺，均以懿美之字为宫名，如后世称未央宫、长扬宫、武英殿、文华殿之类，宫名偶与王号相同而已"。这就是说，康宫及其附丽于康宫的其他宫名都与西周某些王号没有必然联系，不足以成为金文断代的标尺。

20多年后，陈梦家作《西周铜器断代》在考释令方彝等器时，也涉及康宫的释义问题。他认为令方彝、令簋中的作册矢就是宜侯矢簋中的宜侯矢，宜侯矢簋所记"成王伐商鄙"即周初平定武庚之叛，故令方彝、令簋与宜侯矢簋应同为成王时器。并通过对有关训诂材料和金文有"王在某宫"等语例的分析，认为"宫与庙是有分别的，宫、寝、室、家是生人所住的地方，庙、宗、宗室等是人们设为先祖鬼神之位的地方"。主张"康宫为时王所居之王宫，亦是朝见群臣之所"。在这里，陈氏一方面提出新的证据支持郭沫若对令方彝时代的判断，另一方面又考求当时"宫"不具有庙的含义，对康宫为康王之庙说给予进一步的否定。

20 世纪 80 年代以来，何幼琦致力于西周年代学的研究，对宫名与王号相同的一些彝铭进行了绝对年代的推考并落实到相应的王世。结果他发现不仅康王时有康宫，昭王时有昭宫，穆王时有穆王大室，夷王时有夷宫，而且成王时已有康宫，康王时已有昭宫，夷王时已有厉宫，他认为这个现象从根本上宣告了康宫为康王之庙说的破产。于是作《论康宫》一文，阐述了他对康宫问题的新认识。他认为周初没有谥法，文、武之称是自命王号，"从成王起，由父王指定一个庄重的文字，兼作儿子的王号和宫名，就成了宗周家传的制度"。至于后世所建的康昭宫、康穆宫、康厉宫等之所以要冠以"康"字，是因为当初成周城内建有名叫"康宫"的宫城，宫城内康王的宫室也叫"康宫"，后世诸王在宫城内陆续所建的宫室，与康宫是平行的，绝不是附丽于它。"彝铭中凡是单言'康宫'的，都是指一座宫室；凡是说'康宫某宫'，或者说'康某宫'的'康'字，都是指的宫城，而不是宫室。"这是以年代学研究为先导，通过重订金文时代而形成的一种新看法。

以上三家对康宫的解说，郭沫若认为康宫是王室宗庙，但不是康王之庙，而陈梦家、何幼琦则认为康宫并非宗庙，只是时王或太子所居的宫室。这些说法尽管内涵各异，但都有一个共同点，就是一致否认康宫为康王之庙的说法。只是各家对问题的分析与论证都有不少薄弱环节，不免使人对他们的说法欲信还疑。

关于康宫为康王之庙说 在王国维、罗振玉之后，主张康宫为康王之庙的学者，以唐兰最力，影响也最大。

1934 年，唐兰发表《作册令尊及作册令方彝铭文考释》一文，不只称"周公宫"为周公之庙，"康宫"为康王之庙，还对京宫、康宫的解释作了新的发挥。几十年后，唐兰针对郭沫若、陈梦家对其康宫说提出的诘难，又先后写了《西周铜器断代中的"康宫"问题》、《论周昭王时代的青铜器铭刻》两篇长文，进一步申论康宫即康王之庙的论点，主张"铜器上有了'康宫'的记载就一定在康王以后"，并以此作为西周铜器断代的一个标尺，把令方彝、令簋以及相关的数十件铜器定为昭王时物。又说令方彝中的周公是第二代周公，"周公子明保"是周公旦的孙子，令簋中的王姜为昭王之后，伐楚为昭王南征之事，南征时伯懋父还负有伐东夷的军事重任等等，这些结论都是其康宫说的进一步引申，其实际意义在于把郭沫若、陈梦家等对周初铜器断代的大部分成果予以推翻。自此之后，学术界信从唐氏康宫说的相当普遍，甚至誉之为康宫原则，在西周金文断代中遵行不渝。

唐氏认为康宫是康王之庙，在论证上可以说是别树一帜。他不是从判定令方彝的时代入手来分析康宫的含义，而是先行证明康宫是康王之庙后，再以此为

47

前提把令方彝、令簋等一大批铜器确定为昭世之物，致使西周铜器断代出现严重的分歧。

唐兰把康宫理解为康王之庙，曾举出四条理由，最重要的是第一条，即"从令彝铭里京宫和康宫的对列可以看出康宫是康王的庙"。唐氏说京宫原在镐京，当周公营建成周时也仿照宗周盖了"京宫"，并引《逸周书·作雒解》"乃位五宫：大庙、宗宫、考宫、路寝、明堂"之文，谓"京宫"即此"宗宫"。令方彝中"明公所祭，在'京宫'之后的'康宫'，其地位正相当于'宗宫'之后的'考宫'"。唐氏据《诗·大雅·下武》说京宫所祭对象为太王、王季、文王、武王、成王等五人，成王即是京宫里的"最后一个宗"。这样，紧接京宫之后在康宫祭祀的就一定是康王，故康宫是康王之庙；又由于康宫是考宫，令器自然作于昭王时期。看起来，这个论证过程十分复杂，实际上关键的地方只有一处，这就是何以知京宫所祭必是太王至成王五人？《下武》是一首赞美武王、成王能继承先王功德的诗。诗中的"三后"毛传说是太王、王季、文王，"王配于京"的"王"指武王，与《礼记·中庸》所说"武王缵大王、王季、文王之绪"相印合，是无可置疑的。但诗中"成王之孚（信）"的"成王"，郑笺为"欲成我周家王道之信也"，清人陈奂亦解作"成是王事也"，均与"世（代）有哲王"的诗意不合，确实不如唐氏把"成王"解为武王之子诵更得诗意。不过问题在于，唐氏说"王配于京"是指武王在这时已经列入京宫配享里面去了，则有可商。不要说释"京"为京宫比较勉强，就是释"配"为配享也有些离题。因为"三后"是与武王相对为言的，前句说"三后"神灵"在帝左右"，知后句非指武王死后配享于宗庙，否则就应说四后在天，不会把文献和金文中常常以"文、武"并称的武王搁置一边。所以"王配于京"还是可从郑笺解作"武王配行三后之道于镐京"较为允当，诗中"永言配命（长配天命）"本身就是很好的内证。《下武》一诗不仅难以说明武王被列入京宫祭祀，而且没有丝毫迹象可以反映成王是京宫里最后一个宗。唐氏说"《下武》这首诗是成王时做的"，成王时代的诗怎么可能反映成王死后被列入哪一个宗庙祭祀呢？再说金文中另有"成宫"（曶壶）和"成大室"（吴方彝），依唐说当是成王之庙，这就意味着祭祀成王已有单独的宗庙，又有什么必要再附丽于"京宫"呢？可见《下武》并不能提供京宫是专祀太王、王季、文王、武王、成王的宗庙的确证。因此，即便康宫是考宫，也没有充分的理由判断紧接京宫之后祭祀的就是康王，以证康宫就是康王之庙。

唐兰引据多篇金文提出第二条理由说，"康宫又称为'康庙'或'康寝'"，"都是康王的宗庙"，是很自然的。康宫即使可以叫康庙、康寝，只能说明康宫具有宗庙功能，要说自然就是康王的宗庙，亦无坚证。至于曶鼎说"王在周穆王大室"，伊簋说"王在周康宫，旦，王格穆大室"，唐氏认为"周穆王大室"显然就是"穆大室"，似乎可以证明康穆宫是穆王之庙。实则曶鼎、曶尊器出宗周，曶鼎所言"周穆王大室"也

49

应在同一范围，与成周的康穆宫大室并不能完全画等号。又大克鼎说"王在宗周，旦，王格穆庙"，若"穆庙"即"周穆王大室"，就更能说明"周穆王大室"必在宗周，无法类比康宫的"穆大室"。所以要说康宫的"穆大室"就是穆王之庙，并由此类推康宫或康宫大室为康王之庙，康某宫或某大室为某王之庙，理由尚欠充分。

唐兰又引据《春秋》、《左传》、《国语》里有关夷宫、庄宫、平宫、襄宫、桓宫、武宫等文献材料提出第三条理由说，"用王号或诸侯号谥放在宗庙名称的'宫'、'庙'、'寝'或'太室'、'世室'等上面作为专名，是周和春秋时期十分通行的"，以此"来证明康宫是康王之庙"。诚然，那时是有用王或诸侯的号谥来作为宗庙名称的，但要说是通例则不尽然，特别是西周尤其如此。从西周的历史实际看，周王谥号用字没有太多的限制，也用不着去刻意避讳。如成王在位时东都已名成周，宣世簋、虢季子白盘均有宣榭之名，均不妨碍成王、宣王以成、宣为谥号，故成王时有康宫之名，康王死后以康为谥；夷王时有厉宫之名，厉王死后以厉为谥，均不足怪。又如武王、穆王已为谥号，其后却仍有周朝大臣名武公、穆公者，故周王在康宫增建新的宫寝以昭、穆命名就更无大碍。所以康宫诸宫名与部分周王谥号相同，并不表明二者必有某种内在联系，可以把康宫或康某宫视为康王或某王之庙。

唐兰提出的第四条理由是，根据周人昭穆制度在宗庙里所排昭穆的次序提出天子五庙说，因称京宫与康宫所祀均为五王，以证康宫是康王之庙。周人的昭穆制度现在还有许多问题尚未弄清，但不管周人昭穆制度的具体内涵如何，体现在庙制上也绝不可能是天子五庙。固然，说天子五庙也有文献作依据，但是文献也有天子七庙甚至九庙的记载。在天子五庙、七庙、九庙等说法中，唐氏以为"七庙、九庙等说都是秦汉以后逐渐增加的"，西周"实际还是五庙"。为此，唐氏举了两个例证。第一个例证说"京宫里是五庙，太王、王季、文王、武王、成王，是一个始祖和二昭二穆"。这个问题本身尚待验证，在这里却成了周室五庙制的证据，反过来周人的五庙制又成了京宫所祀为太王至成王五人的理由。这实际上只是一种循环论证，算不上证据。第二个例证说"在宣王时，康宫里也是五庙，即：康宫、昭宫、穆宫、夷宫、厉宫"。这种说法更是疑点重重。一是在京宫太王是始祖，在康宫却以康王为始祖，这与宗庙所祀始祖为不毁之庙的原则是相违背的，再说康王又有什么理由成为周庙的始祖而享有独尊地位呢？二是康宫五庙并不包括共王、懿王、孝王三庙，就算宣王立庙时可以毁入昭宫或穆宫，但夷王、厉王所立亲庙必有共、懿，何以一无所见呢？三是按唐氏天子五庙说，似乎只有康王和宣王才有立庙的资格，这就是康王立京宫五庙，宣王立康王五庙，那么其他周天子为什么无须立庙？如果可以立庙又是几庙呢？这些问题都不是静态的天子五庙说可以解释的。从有关金文资料来看，在西周宗法制度下，天子七庙说可能更接近历史实际，这从当时诸侯实行五庙制则天子不应与诸侯无别即可推知。在西周堪称森严的等级制度下，诸侯实行五庙制是清楚的。按"礼有以多为贵者"的原则，周天子就不会再是五庙制，否则无君臣之礼可言。这就是说，就算京宫、康宫都是天子的宗庙，也无法保证只是五庙之数，更无以证知康宫是以康王为始祖的宗庙。

唐兰所举的四条理由看上去相当雄辩，但不少论据未必符合事实，建立在这些论据基础之上的康宫为康王之庙说，还不足以使人完全信服。如果对令方彝、令簋制作年代细加推考，会更有力地证明这一点。

关于令方彝的年代问题 在推定令方彝年代的问题上，需要把与令方彝同时出土的令簋结合起来加以考察。由于令方彝、令簋均为作册矢令所作，一般说来二器的时代理应相同或相近。依据令簋铭文中出现的一个重要人物"王姜"，又可以把叔卣罍、作册罍卣等器系联起来，从而为判明二器的制作年代提供了更多的线索。

过去唐兰力主令方彝、令簋为昭王时器，其主要理由是把康宫释作康王之庙，因此断定"铜器上有了'康宫'的记载就一定在康王以后"，接着又把令簋中"唯王于伐楚伯"与文献所说"昭王南征"叠合起来，以证其说。这里使用了两个标尺，一为"康宫"，一为"伐楚"。后来，唐兰又发现了新的标尺，即王姜是昭王之后，说"这个人是整个昭王时代的一个重要标准，而有关王姜的各器就都一定是昭王时代了"。以"王姜"为昭王之后的说法，以其言出无据一开始就受到郭沫若的驳难。郭沫若据《国语·周语》"昭王娶于房曰房后"的记载，指出房君祁姓，昭王后当为王祁而非王姜。为了绕过这个矛盾，唐兰一度认为王姜应为康王之后，意思是康王之后在昭王时仍有用事的可能。但他后来又修正前说，提出王姜是昭王新后的见解，以证令方彝、令簋为昭王时器。

但是，从金文材料看，王姜不可能是昭王之后。王姜其人，不仅见于令簋与"王伐楚伯"偕行，而且在作册睘卣（尊）中与"王在厈"并出共见。今所见与"王在厈"有关的铜器已有七件，此即作册睘卣（尊）、趞尊（卣）、作册折方彝（尊、觥）诸铭。过去郭沫若、陈梦家曾认为作册睘卣（尊）、趞尊（卣）均为成世物，可能是不妥当的。因为从史墙盘等铭所述微氏家族的世系来看，与作册睘同时的作册折（亚祖祖辛）是共王时史墙的祖父，其"甄育子孙，繁被多厘"，自是享长寿之人，主要活动年代绝不会早于康昭时期。作册折之前还有"乙祖"、"剌祖"，而"微史剌祖乃来见武王"，则作为剌祖之孙的作册折就不可能生活在成王时代，否则"乙祖"就相当短寿，相反作册折与其子"乙公"（丰）及其孙"丁公"（史墙）三人就会历成、康、昭、穆、共五世，这显然是不近情理的。所以"王在厈"组的七件铜器是可以从成王时代排除的。

就作册折的主要活动年代来说，唐兰、李学勤认为应在昭王时期，并置"王在厈"诸器于昭王时代。

刘启益则把作册折的活动时代估定为"康王后期至昭王前期",认为"王在庠"诸器制作于康王时代。作册折尊、觥、方彝三器内容相同,其铭云:"唯五月,王在庠。戊子,令作册折觑望土于相侯,锡金,锡臣。扬王休,唯王十又九祀。"而趞尊的历日为"十三月辛卯"。二器的"五月戊子"与"十三月辛卯"只有同年,历日才相协调。那么,作册折尊等铭中的"唯王十又九祀"应该系属于何王呢?据《古本竹书纪年》,周昭王南征楚荆,"丧六师于汉",其事发生在昭王在位十九年。而"王在庠"诸器的历日已记到十九年年底,所以不会是昭王时器。因为昭王南征楚荆不可能在十九年底还未发生。此外,"王在庠"的地望在今陕西凤翔、宝鸡境内汧渭之会附近,昭王南征途中也没有必要跑到那里去安营扎寨或班赐行赏的。因此"王在庠"诸器只有定在康王时代才是合适的。这样,作册嗣卣(尊)有"王姜"的出现,便有力地否定了王姜为昭王新后的可能性。

当"王在庠"组铜器被定位在康世之后,是否可以据此把相关的令方彝、令簋完全从昭王时代排除呢?好像事情并不是如此简单,因为有的学者以王姜为康王之后,似乎王姜仍可活到昭王十九年,并不妨碍把令方彝、令簋等器置于昭王之世。其实,就算王姜是康王之后,也不可能在昭王十九年随子偕行。刘启益曾分析说:"《史记·周本纪》记在穆王在位时,'春秋已五十矣',昭王是穆王的父亲,假定比穆王大二十岁,王姜是昭王的母亲,也假定比昭王大二十岁,那么，昭王十九年时，王姜已经近九十岁了，这样大年纪的人还跟随儿子南征，是不好想象的。"假如没有可靠证据怀疑《史记》关于穆王继位时年龄的记载，刘氏的分析应是无可辩驳的。这就是说，无论王姜是昭王之后还是康王之后，与之相关的令方彝、令簋都不适合定为昭王时器。

由于"王在序"诸器为康世之物，是否意味着令方彝、令簋也应制作于康王时代呢？这个问题需要结合康王时代的宜侯夨簋来加以考察。宜侯夨簋铭称"作虞公父丁尊彝"，令盘称"令作父丁"，而令簋铭称"用作丁公宝簋"，是知宜侯夨与作册夨之亡父都以高频日干"丁"为庙号，并同以"夨令"为私名，这不应是偶然的巧合。陈梦家、郭沫若认为宜侯夨与令方彝、令簋中的作册夨是同一人，应可信据。就一般情况而言，身任高位总是在低职之后，所以夨令之任作册应早于虞侯的分封。值得注意的是，作册夨之子作册大继任父职时当在康王初年。作册大鼎铭云："公来铸武王、成王异鼎……大扬皇天尹太保休。"为什么会有召公奭前来监铸武王、成王异（大）鼎？如果成王辞世已久，再来铸作什么祭祀武王、成王的大鼎，似非及时。此当是成王新死不久，为了稳定大局，召公才决定铸此大鼎作为镇国的重器。从铭称召公为"皇天尹太保"来看，也与他在成王新死后作为首席顾命大臣的身份相符合。这就是说，作册大鼎的制作必在康王继位之初，而大此时已经出任作册一职，那么，他的父亲夨担任作册职务就应在成王时，当夨出任虞侯后，作册一职就由其子大来承担了。由于矢尚在世，故作册大受到召公赏赐后并不为在世的父亲作器，而是"用作祖丁宝尊彝"。矢任作册既在成王之世而非康王之时，则令方彝、令簋就只能是成世器，不会迟至康王之时。

如果令方彝、令簋为成世器不误，则可说明两个问题。一是成王时代既然已有康宫之名，康宫就不会是康王之庙，因为成王是不会早早地就给自己的儿子修建宗庙的。一是王姜不可能是康王、昭王之后，同时也不可能是武王之后。武王死时"年五十四"，则王姜当时的年龄应相仿佛。再加上成康二世40余年，到"王在庈"诸器所在的康王十九年，则王姜此时至少也是八九十岁的高龄了，同样不可能偕同其孙外出征伐。所以王姜只能是成王之后，不宜别作解释。

令簋、禽簋中的伐楚问题　当令方彝、令簋被确定为成王时代的器物后，就有一个如何解释令簋铭中"王于伐楚伯"的问题。就唐兰的康宫标准来看，实际上是与"王姜"和"伐楚"这两个辅助标准互为补充而发挥作用的。所以周初是否有过"伐楚"，也就成为学者密切关注的问题之一。

从现存文献资料来看，不仅未见有关成王伐楚的记载，反而显示出当时周楚关系的密近。于是人们对成王时伐楚的铭刻便多持怀疑甚至否认态度，具体做法是，尽可能把成王时有关伐楚的金文下移到昭王时代，与昭王南征荆楚相叠合，如对令簋的处理即是；或者把不便说成是昭王时代的彝铭转换其内容，以伐奄代伐楚，如对禽簋、刚劫尊的处理即是。

实际上，没有必要把禽簋、刚劫尊、令簋中的"楚"与文献记载的荆楚牵合起来考虑问题。因为要照顾到与文献的契合，则成王时不曾伐楚；要说这些器铭所记为昭王南征之事，又与铜器的实际制作时代不合，这样必使问题陷入僵局而无解决之日。因此有必要换一个角度思考问题，这就是成王时除南方的荆楚外，是否还有不见诸文献的另一个楚国呢？

先看看令簋"王于伐楚伯"之楚的地望所在。簋铭说伐楚"在炎"，表明"楚"不在"炎"地，否则应如禽簋、刚劫尊直接说"伐楚侯"、"征楚"即可，但又可肯定"炎"地与"楚"相距必不甚远，才有"伐楚在炎"的连言。所以弄清"炎"在何处无疑有助于正确判定这个楚伯之国的方位。

关于"炎"的地望，人们从 1930 年代讨论至今，始终未能形成一致的意见。比较有影响的看法有两家：一是郭沫若提出的炎在山东郯城说，一是陈梦家提出的炎在山东历城说。郭、陈两家对"炎"之地望的落实虽然不同，但都读"炎"为"郯"是没有分歧的。春秋时期的郯国在《春秋》经传中最初称为谭国，其地在今山东济南市历城区东。这就是说，郯国更早的故地不在山东郯城而是位居历城，则春秋以前郯所在的位置当以历城为是。此地北控济水，南靠泰山，东距齐国不远，南与鲁国相近，历来都是交通与战略的要津。故成王伐楚伯在此驻师，白懋父征东夷在此屯兵，都是理想的选择。

由于伐楚"在炎"的地望在山东历城，则与"炎"地相近的这个楚国就不可能是远在南方汉水流域的荆楚。因为南征荆楚即使道出成周，无论如何也没有必要跑到山东作一番太过迂回的行进。那么，见于禽簋、刚劫尊、令簋诸铭的这个楚国又位居何处呢？

这不由得使人联想到《春秋》经传中提到的地名"楚丘"，丘者墟也，楚墟当是楚国在历史上的活动遗迹。在今鲁豫一带，文献说到的"楚丘"分为两个地方。一见于《春秋·隐公七年》，其地在今山东曹县东；二见于《春秋·僖公二年》，其地在今河南滑县东。这两个"楚丘"有可能都曾是此一楚国先后建都立国的地方。但具体到殷末周初来说，这个楚国所在的位置应在今河南滑县东的楚丘。一则，从小臣谜簋记白懋父伐东夷的出师路线来看，河南滑县的楚丘正是必经的交通要冲。二则，从小臣麦鼎所说楚居的方位看，楚丘亦以定在河南滑县为宜。因此可以说位居河南滑县的楚丘应是禽簋、刚劫尊、令簋等铭中这个楚国的所在地。虽然这里距郯（谭）虽仍觉稍远，但它地处河济之间，由此循济水东下，交通便达，由"伐楚"再东进至"炎"（谭）并不是一件太费时力的事。

关于中原楚国与南方荆楚的关系，沈长云认为，中原楚丘早先亦为荆楚祖族的根据地，鬻熊是第一个率族人向西南迁移的楚族领袖。不过鬻熊率族人西迁，并非整个楚族全部西迁，鬻熊大概只是率领自己那一宗人的人众投奔西土，否则，当成王东征之时，中原地区就不会再遗留下如令簋所言及的楚伯之国了。商末周初，像这样举家西移的现象不乏其例，如近年发现的铜器中所记载的微氏家族、录氏家族都是适例。

明确周初中原楚国与南方荆楚是二非一，大概对周初成王伐楚就不会感到费解了。这也说明，把"伐楚"一事限定在昭王时代并以此作为铜器断代的标尺是不科学的，不只令簋不能依此说成昭世之器，不少相关铜器的年代也不宜定在昭王时代。

康宫用名的扩展　学术界过去推崇的康宫原则，实际具有两方面的含义：一是说康宫是康王之庙，二是说带有其他王号的康某宫同样是某王之庙。前者因令方彝、令簋应确定为成世器而难于成立，后者作为康宫用名的扩展可否作为金文断代的标准也有待重新考察。在这个问题上，弄清克器的年代有助于加深对康宫问题的认识。

克器今所知见的有伯克壶、师克盨、克钟、大克鼎、克盨、小克鼎等六器。在克钟一铭中，因有"康剌宫"一词，按照唐兰的解释当为厉王之庙，故学者多判为宣王时器。但反过来看，若克钟不作于宣王时而作于夷厉时期，则康剌宫当另作解说。

"康剌宫"一词在西周金文中比较少见，唯"克"所作钟镈有之。克钟铭云："唯十又六年九月初吉庚寅，王在周康剌宫，王呼士𧽤召克，王亲令克遹径东至于京师，锡克甸车、马乘。"本铭年代的推定，不少学者颇感踌躇。郭沫若曾认为本铭之克与伯克壶、克盨、克鼎之克为一人，但诸器时代并不相同。原因是：

伯克壶"有十六年七月既生霸乙未,克钟有十六年九月初吉庚寅,克盨有十八年十二月初吉庚寅,小克鼎有廿三年九月,此等年月不尽衔接。因十六年九月初吉中既有庚寅,十八年十二月初吉中不得有庚寅,庚寅之日当在既望以后,用知此数器不属于一王,而连接二王之在位年限一至少当得有十六年,一则至少当有十八年或二十三年。"郭氏以为符合这种条件的仅夷历与厉宣,如为厉宣,则克与大克鼎所记他的祖父在共世任职未免相隔太远,故取前者定伯克壶、克钟为夷世器,克鼎、克盨为厉世器。由于克钟需要定在夷世而不能定在宣世,这就意味着所谓"康刺宫"早在夷世就存在了,故郭氏斩钉截铁地说:"康刺宫,此器仅见,唐兰谓为康王庙中之厉王庙,不确。"

克钟与其他克器在历日上的不相衔接,确实使唐兰的康刺宫为厉王之庙说受到严峻的挑战。在这个问题上,唐兰也曾考虑克钟之克与其他克器之克并非一人的可能性,但克钟与克鼎等器于光绪十六年同在岐山一窖出土,"显然克钟克鼎等器是一个人做的"。然而,按照唐氏对"康刺宫"的解释,克钟只有定在宣世。李学勤从唐说,谓"'周康厉宫'乃厉王之庙,这个十六年也必须属于宣王"。这样,若依据《史记》所记厉宣年代,则克之活动的时间跨度就相当长。唐兰说:"克在厉王十八年就已经做善夫,到宣王十六年,已经经过四十九年,假定克在厉王十八年时做善夫,已经三十岁的话,到宣王十六年就要七十九岁,而宣王还命他去'遹径东至于京师',似乎不近情理。"于是，唐氏根据《史记·卫康叔世家》等有关记载，提出厉王在位年数应包括共和 14 年在内的主张。经过对厉宣年代的这一番调整，似乎 30 岁的克在厉王十八年做善夫，到宣王十六年不过在 59～66 岁之间，自然可以高车驷马外出巡察了。在这里，唐氏为了建立他的康宫说，不惜以否定司马迁自共和以来的纪年体系为代价，似非明智之举。司马迁是一位严肃的历史学家，素以慎言阙疑的治史态度著称，他对于共和以来纪年体系的考索是一项伟大的学术贡献，不宜轻易否定。他记厉王在位 37 年，虽未敢肯定，但厉王的在位年代不包括共和所历 14 年，在《史记·周本纪》中是十分清楚的，不顾及这一点有失慎重。再者，即便果如唐说，克可以从厉世一直活动到宣世，则其祖孙三代人将历经共、懿、孝、夷、厉、（共和）、宣数世，时间跨度未免太长，以致有悖常理。

不仅克器的年代与康宫原则相抵触，而且有关康昭宫、康穆宫、康𥝢宫的铜器铭文虽不与康宫原则发生矛盾，但也不构成唐兰康宫说的积极证据。总的说来，把"康宫"说成康王之庙，把"康厉宫"说成厉王之庙，因与令方彝作于成世和克钟作于夷世相抵触，实难遵信。

康宫的性质问题　说到康宫的性质，首先需要弄清的是当时"宫"的含义。过去陈梦家主张康宫"为时王所居和朝见策命群臣之地"，其前提是认定宫与庙是有分别的，"宫、寝、室、家等是生人所住的地方，庙、宗、宗室等人们设为先祖鬼神之位的地方"。而唐兰认为"康宫"是康王的宗庙，则是"建立在'宫'就是'寝庙'这一个常识上面的"。这样，关于当时"宫"的含义便出现两种对立的意见，要么为生人居室，要么为死者宗庙，似乎只有取其一义才可揭示"宫"的内涵。

实际上，从文献上来看"宫"的含义，是既可指居室，亦可指宗庙的。从字面上来考察"宫"的含义，谓为宫室或曰宗庙，都是讲得通的。但是，要全面把握西周金文中诸宫的性质，似乎又不能对宫的这两种含义只作简单的选择。应该注意到，当时"宫"的建制和功能并不是单一的，大多数情况下宗庙性建筑与人的居室是不相分离的。如九年卫鼎说："王在周驹宫，格庙。"又宋代即有著录的师秦宫鼎说："王□于师秦宫，王格于享庙。"这表明不仅王室的宫中建有宗庙，大臣的宫中也有宗庙，"庙"已成为"宫"中建筑的一部分。金文中常见的各种"宫"中大室，亦属此类。

宫中除宗庙性建筑外，主人的居室也是不可少的。《诗·大雅·绵》云："乃召司空，乃召司徒，俾立室家；其绳则直，缩版以载，作庙翼翼。"又《鲁颂·閟宫》云："路寝孔硕，新庙奕奕。"可见周人的居室与宗庙在兴建之初，就是结为一体的。这种习惯到春秋时仍是如此。这样的历史实际，也就决定了当时的"宫"必然具有生人居室与死者宗庙这种看似对立实则可以统一的双重性质，不必以为二者绝相排斥而偏执一端。

　　明确这一点，对我们认识康宫的性质是有启发的。首先应当承认，康宫也是具有王室宗庙的功能的。前引令方彝说到明公"用牲于康宫"，"用牲"是一种比较隆重的祭礼。既言明公在康宫用牲祭祀，则宫中必有宗庙建筑存在，此即见于铭文的康宫之大室。如休盘："王在周康宫，旦，王格大室。"即簋："王在康宫，格大室。"此外，穆共以降康宫所增建的新宫、夷宫、昭宫、穆宫等，亦有大室。诸铭所记周王住在康宫或在康某宫留宿，而对臣下进行赏赐或加官晋爵的册命典礼，则是在宫中的大室进行的。《礼记·祭统》说："古者明君爵有德而禄有功，必赐爵于太庙，示不敢专也。"这说明康宫里各种大室可能安置有代表祖先的木主，在特定场合发挥其祖庙的功能。

　　康宫虽有宗庙性质的建筑，但未必就是专设的王室宗庙。同簋说"王在宗周，格于大庙"，敔簋说"王格于成周大庙"。此宗周或成周大庙应与康宫有别，属于专门的周王祖庙，而康宫的宗庙性建筑不过是附设的礼仪设施而已。康宫或康某宫的主要功能当为周王的寝宫，以供时王居住并处理政务。师遽方彝说："王在周康寝，飨醴。"这里的康寝就是康宫的后寝，既可供周王居住，也可举行酒宴以飨群臣，并适时处理各种政务。不过，这可能是西周中后期康宫所发挥的作用，至于西周早期情况似有不同。令方彝铭记明公用牲于康宫之后，又去王所再行祭祀，知周王并不住在康宫之内。康宫之成为周王常住之地，从现有资料看是从穆王后期开始的。新出虎簋盖铭云："唯卅年四月

63

初吉甲戌，王在周新宫，格于大室。”据望簋称“王在周康宫新宫”，知此新宫当在康宫之内。虎簋盖纪年为三十年，时代被定为穆王。康宫自此增建新宫之后，周王在成周康宫的活动就开始频繁起来了。十五年趞曹鼎说：“恭王在周新宫，王射于射庐。”又师汤父鼎说：“王在周新宫，在射庐。”匡卣说：“懿王在射庐，作象舞。”师遽簋盖说：“王在周，格新宫。”它如卫簋、休盘、杨簋、申簋、即簋诸铭也每每提到“王格于康宫”或“王在周康宫”。这些共懿时期的器铭充分表明周王对康宫及其新宫的垂青。为此，周王还设置专门的官职以管理康宫后勤事宜，如宰兽簋所记，时王册命宰兽“兼司康宫王家臣妾附庸，外内毋敢无闻知”。其时，康宫新宫并有射庐，是一种有屋顶有东西墙的习射之所。由于箭的射程较远，说明康宫经过一番扩建已有相当大的规模。至此，康宫一名既可指成康以来的旧有建筑，也可作为总名涵括新宫之类的其他建筑。

共懿之后，仿新宫之例，康宫续有厉、夷、昭、穆诸宫的增建，仍属王之宫寝性质的建筑，以满足后嗣周王在东都理政的多种生活需要。与康宫新宫一样，新建的昭宫亦有射庐一类的讲武场所。鄦簋说：“王在周邵宫，丁亥，王格于宣射（廚）”，虢季子白盘说：“王格周庙宣廚，爰廚飨”。宣廚在康昭宫，大概与昭宫大室相连属，故可称“周庙宣廚”。宣廚在文献中作宣榭，见于《春秋》宣公十六年：“夏，成周宣榭灾。”杜预注：“宣榭，讲武屋。”可见“宣榭”与

"射庐"的性质无异，亦可用于周王讲武论功，宴飨朝臣。另据厉世伊簋铭云："唯王廿又七年正月既望丁亥，王在周康宫，旦，王格穆大室"，命尹封册命伊"官司康宫王臣妾百工"。这里伊的职掌与前面提到的宰兽亦大略相同，其王家"臣妾"为服役康宫的奴仆，而"百工"则是有多种分工以制造王室手工用品的工奴。可见康宫后勤系统日益完善，气派之大，非王之宫寝无以当之。

如果康宫为建有宗庙性礼仪建筑的王之宫寝说可以成立，那么它对于金文断代来说，也就不具备断代标尺的作用。摆脱此一羁绊，西周铜器断代或许可以少走一些弯路，并减少一些不必要的失误。

与康宫问题相关联的铜器断代　唐兰反复倡扬的康宫标尺，在铜器断代的运用中具有广泛的覆盖面，几于整个西周时期都可看到它的影子。以"康宫"作为铜器断代的标尺，不只是关乎如令方彝、令簋等一两件铜器的时代问题，而是相当数量的铜器铭刻均受其影响。

1962 年唐兰发表《西周铜器断代的"康宫"问题》的宏文，系统阐扬他的康宫说，不仅对郭沫若、陈梦家关于康宫问题的见解进行全面的反批评，而且在一些关键铜器的断代方面几乎对郭、陈二氏的研究成果给予了全盘的否定。不知是因为唐文的过于雄辩，还是因为职务上的关系或者别的什么原因，郭沫若在之后十多年的时间里一直未予有效的回应。郭氏的沉默，不免给人们造成一种印象，似乎在西周铜器断代的两军对垒中，唐氏已居上风。其后唐氏的康宫说风靡学界，与此不无关系。唐兰与郭沫若观点的根本对立，突出表现在对周初铜器断代的认识上。郭沫若在《两周金文辞大系图录考释》中所定成康时代的 38 件铜器，在唐兰晚年所著《西周青铜器铭文分代史征》中就有 30 件被说成是昭穆时代的作品，分歧之严重真是无以复加。

郭沫若关于成康时代铜器铭刻的断代，从总体上来说是成功的，至少是得大于失的。如果要总结失的一面，亦有小失与大失之别。在小失方面，主要表现在把成王即政之初的部分铜器如禽簋、大保簋等，以及成王后期甚至更晚的令簋、明公簋、寰鼎、小臣谜簋、御正卫簋、吕行壶、小臣宅簋、师旂鼎、旅鼎、䚄鼎、员卣、员鼎、厚趠鼎等，都不恰当地说成是周公东征时物。在大失方面，集中表现在把穆王时的班簋、康王时的作册夨卣、趞尊和安州六器也视为周公东征时器。这种失误多半与铜器断代法创制之初，受各种条件限制而未臻成熟有关。尽管郭氏对成康铜器铭刻的断代并非尽如人意，但比起唐氏利用康宫标尺把令方彝、令簋等诸多彝铭定在昭穆时代恐怕要可信得多。

（3）考古类型学与金文断代。

判定某一金文的时代，除了需要对其记事内容洞悉入微外，还离不开对作为该金文载体的青铜器形态的时代观察。青铜器的形态主要指器物的形制及纹饰。如果是对有铭文的青铜器而言，还应包含青铜器铭文的字体和书风，因为在我国古代，字体书风具有与纹饰相同的装饰功用而被纳入美术欣赏的范畴。

类型学研究与标准器断代法 类型学又称标型学，是现代考古学的基本方法之一，尤被广泛运用于判定遗迹遗物的年代。在我国最早将考古类型学引入金文断代研究的是马克思主义史学的先行者郭沫若。郭沫若在流亡日本开始从事甲骨文金文研究时，就读到了日本著名考古学家滨田耕作翻译的德国考古学者米海里司的著作《美术考古一世纪》，该书最后一章"发现与学术"即讲述了由于大规模田野考古的开展及种种条件的改善，促使考古学在方法上发生的"革命"，这便是从主要依靠文献对古物进行漫无标准的解释，转变为主要根据文物本身的样式分析，同时辅之以文献考证和铭刻资料对古物进行认识。这里面提到的"通过样式分析正确地判别各类文物的年代"，就是今天所说的考古类型学方法。

郭氏利用器形、纹饰及铭文字体对青铜器进行断代的系统工作的成果，是他的《两周金文辞大系图录考释》，尤其是本书的西周铜器部分。郭氏在此书中创立了"标准器断代法"，即"以铭文自身能说明其年代"的青铜器所涉及的人名事迹为中心来推证它器时代之方法。在运用标准器对不明时代铜器进行断代的同时，郭氏即运用类型学原理，"更就文字之体例，文辞之格调，及器物之花纹形式以参验之"。为此，他专门在该书图录中收辑了所有器物的铭文拓片或摹本（录编），同时按器类和年代顺序罗列出所有当时能够找到的铜器图像资料（图编）。更为重要的是，郭氏在《图录》的《图编》序说《彝器形象说试探》中，主要据器物的形制及纹饰特征，对中国青铜器的发展演变情况进行了总括性论述。在这里面，他将中国古代青铜器发展分作四期：一、滥觞期，大率相当于殷商前期；二、勃古期，殷商后期及周初成康昭穆之世；三、开放期，恭懿以后至春秋中叶；四、新式期，春秋中叶至战国末年。在按照器形、纹饰对商周铜器进行断代的具体实践方面，该书多有创获。

限于郭沫若当时所处的时代和环境，他不可能利用科学发掘的考古资料来建立自己的青铜器形态发展序列，只能利用传世的有铭青铜器。他对青铜器上各种形制花纹流行时间的认定，也主要是以标准器及相关器物的形制花纹为准绳得出来的，而标准器则如上述是由铭文内容确定的，这就使他对类型学方法的运用相对于铭文考证来说，处于一种附属的地位，而不能成为独立的考古学性质的研究。

继郭沫若之后，基本上采用标准器比较法，辅之以类型学方法对金文进行断代的，主要有容庚、陈梦家、唐兰等人。

容庚在1941年发表了对商周青铜器进行综合性研究的著作《商周彝器通考》，其中设有"时代"一章，专门评述自宋代《考古图》以来各家考证铜器年代的方法，同时提出自己对此问题的看法，并对相关铜器进行了鉴定。作者后来自言在《通考》上编第四章中关于时代的考订，"虽未标明采用这个方法（按即标准器比较法），但实际上已采用这个方法，考订了周代各王时代器三百一十八件"。不过容庚对类型学的研究却较郭沫若有所深入。其《通考》上编第三章"类别"、第六章"花纹"，下编对各类各器种青铜器及其典型器物形制花纹的具体分析，都属于类型学研究的范畴。与郭沫若的《大系》相比，他所搜集的图像资料更加完备，论述亦更全面具体。尤其是对铜器花纹的分析十分仔细，共罗列出70余种常见铜器花纹，拓出它们的标本，指出其通行的时间，这对以后从事纹饰研究工作的人们提供了很好的示范作用。

同样局限的是，本书资料的搜集亦基本限于传世铜器。由于缺乏有明确地层关系的出土器物做比较，而仅依靠标准器比较法或其他一些方法，其对某些器物时代的判定难免失据（如对所谓四耳簋属的鉴定）。此外，作者对各种青铜器形制发展演变的轨迹还缺乏进一步分析，未能体现出一个完整的青铜器器形发展的序列。

曾经师从容庚的陈梦家在 1955～1956 年的《考古学报》上连续发表了他的系列论文《西周铜器断代》。在总共六篇论文中，陈氏对西周懿孝以前近百件有铭铜器进行了详细分析，包括对其中相当多器物的形制、花纹、铭文字体等做了认真探讨，并以之作为断定该器物时代的辅助说明。尽管他采取的断代方法仍主要是以铭文事类和人物为中心对器物进行分组，然后将各组铜器置于不同的王世，但对器物形制与纹饰时代特征的分析，显然要比郭、容二氏更为深入。就铜器花纹来说，陈氏虽未像容庚那样对所有纹饰类别一一罗列并考订其时代，但他对某些种类花纹的研究却更加细致入微。如其论周初鸟纹的各种类型，将之分为小鸟纹、大鸟纹、长鸟纹，于各类型之鸟纹又具体按鸟喙、鸟尾的变化再细分为各种式样，并一一厘定其所处时代。此与容庚所论相比，显然更接近于类型学的要求。另外，陈梦家诸文的写作，处在新中国成立后国家各项事业走上正轨发展的时期，这使他能够及时运用通过科学手段发掘出的一些铜器资料，如1950年代前期出土的著名的宜侯夨簋、凌源铜器（包括匽侯盂）、长安普渡村铜器群（包括长由盉）等，陈氏都列为专项讨论。特别是长安普渡村出土同一墓葬的铜器群，经陈氏检验各器在形制、花纹和铭文内容上的差异后，被分置于两个不同的时期，而其中可确认为穆王时期的器物，则明确宣布为"最新最好的标准器"。凡此做法，都显示了陈氏在铜器断代上高出前人一筹的地方。

由于出土器物有限，陈梦家同样没有来得及按出土器物的形制演变为西周铜器断代提供一个可资参考的序列，也未对所有铜器进行形制、花纹的对比。其对器物形制、花纹所处时代的论定，很大程度上仍是从对铭文内容的理解得出来的。如认四耳簋为周初器物，便受到了自己对宜侯夨簋和班簋铭文内容分析的影响。陈氏对这两件器物铭文内容的分析均有失误，从而导致了他将两件器物置于成王之世，也导致了他作出将四耳簋仅作为周初器形特征的判断。

比起郭沫若、容庚和陈梦家来，唐兰的青铜器断代更加强调对于铭文的考证。他认为"在考古发掘方面目前还没有给我们提供较多的可靠资料"，因而要做比较精确的断代是存在着困难的，只有更多地依靠对铭文内容的理解和深入研究。当然，他对器物的造型和纹饰等方面的考察亦是有的，但却明显放在次要地位上，或竟至为其所创立的断代体系做注脚。其《论周昭王时代的青铜器铭刻》下编专列"从造型、装饰和图案来看"昭王铜器一节，便主要围绕着与其"康宫原则"有关的"王姜"组、"明公"组、"伯懋父"诸器及传世"安州六器"等进行阐述，其目的不过是为了证明所谓康宫即康王之庙的断代标准。这种功利性很强的针对部分器物的图像与文字的解说，实难避免主观性与先入为主，也不尽符合事实。

总括郭沫若、容庚、陈梦家、唐兰诸氏对于青铜器类型学的研究，实皆处于其铜器铭文研究的从属地位，其金文断代的依据，主要是基于其对铭文研究的成果，器型研究只是作为参考或补充。在唐兰以前，这种做法的原因，固当归结于缺少科学发掘的铜器资料，致使人们不能建立一个客观准确而又完整的器物形态发展的序列，而唐兰则过分强调铭文考证的重要性。随着出土器物的逐渐增多，建立一个不依靠铭文阐释而主要依靠器物自身出土情况（层位、共出器物）及其式样、纹饰得出的青铜器发展的序列，就该提到日程上来了。这项工作，主要是由考古界一些学者来进行的。

以器物自身特点为主进行的类型学研究　早在新中国成立之前，李济就曾对自己所领导发掘的殷墟十座墓葬的青铜礼器进行过器形的划分与排序。他参照殷墟陶器分类的标准，将这批青铜礼器划分为若干目、式、型，然后按其演变发展的规律，排定诸种器物的式样及十座铜器墓的时间顺序。这是依据科学发掘的考古资料对殷墟出土青铜器最早的类型学研究。

新中国成立后从事这项研究的学者首推郭宝钧。郭宝钧曾长期从事商周考古发掘与研究，其研究成果《商周青铜器群综合研究》的初稿作成于 1965 年，之后又进行过一些修改和校订，最后在其逝世后由邹衡、徐自强整理发表。本书依据新中国成立以后出土的大量青铜器资料对商周青铜器的形制、花纹、铭文书体，以至铸造方法等进行研究的。其具体做法是，先选出几个地点可靠、时代明确的分群，定为划定时间的界标，以此作为进一步比较其他器群器物的类型的尺度，这样的界标一共有六个，它们是：

河南郑州二里冈器群，作为中商铜器的尺度；

河南安阳小屯器群，作为晚商铜器尺度；

陕西西安普渡村器群，作为西周中（西周前、后期之间）铜器的尺度；

陕西上村岭器群，作为春秋初期铜器尺度；

安徽寿县蔡侯墓器群，作为春秋末期铜器尺度；

安徽寿县朱家集器群，作为战国末期铜器尺度。

根据这些界标，又从器物的铸造、形制、花纹、铭文诸方面将中国青铜器时代分作六个发展阶段，即早商、中商、晚商及西周前期、西周后期、春秋早期、春秋中期至于战国、战国中末期；同时通过比较，将其他器群的铜器分别纳入这六个时间段中，或用正文，或用附录，逐一说明每个器群中的器物上述诸方面的特征。另在每一章节之末，又分别对中商、晚商、西周、春秋、战国这几个历史时期的铜器的风格和发展演变的情况进行小结。最后，则对整个商周铜器群上述诸方面发展演变的情况做出总结。正如整理者对郭宝钧研究方法所作的评价："过去研究青铜器的学者，往往着眼于单个的铜器……遗著则从铜器的群和组的角度出发，尤其是还联系到出铜器的墓葬，这样就可避免孤立地进行研究的毛病。同时遗著取材于发掘品，其根据一般是比较可靠的。在这种基础上采用界标法，的确是一个科学的方法。"

由于该书研究范围广泛，共涉及从商代二里冈时期至战国末年175个青铜器群两千余件器物，作者不可能对每个时期的铜器就其形制、花纹展开做进一步的分类型研究；他对时代的划分也还不能满足青铜器断代工作更仔细的要求；此外，作者未能将一些重要的传世铜器纳入与出土器物的比较研究，亦给青铜器分期断代工作带来不少遗憾。

循着这条路径对青铜器形制及纹饰进行更细致地类型分析工作的，仍是郭宝钧生前工作过的中国社会科学院考古研究所的一些研究人员。其中陈公柔、张长寿合作，先后发表《殷周青铜容器上鸟纹的断代研究》和《殷周青铜容器上的兽面纹断代研究》两文。

前文选用具有清晰鸟纹图像的铜器 233 件，大体按照陈梦家在《西周铜器断代》中关于鸟纹的分类而进一步区分其式别，计分为小鸟纹、大鸟纹、长尾鸟纹三类共 25 式，其中小鸟纹 9 式，大鸟纹 9 式，长尾鸟纹7 式。在划分式别的同时，也对各式鸟纹进行断代，表列出各种式样的鸟纹流行的时间。尤有价值的是，作者还绘制了所有鸟纹的图案，并对每个图案的鸟纹进行编号，亦用图谱的方式将每种式样所包含的鸟纹图案置于相应的时代栏内。后文基本依照前文的结构和思路，选用饰有兽面纹的殷周青铜器 133 件，分为独立兽面纹、歧尾兽面纹、连体兽面纹和分解兽面纹四种类型，其中独立兽面纹再分为 12 式，歧尾兽面纹再分为 6 式，连体兽面纹再分为 16 式，分解兽面纹再分为 6 式，共 40 式，亦选择典型式样的兽面纹绘制成图谱，表列于各时代的栏下。比起前文来，后文选择的材料更为精审，基本以科学发掘的青铜器为主，辅之以若干年代可靠的传世铜器。在具体划分青铜器兽面纹的式别及分期断代上，亦更多地利用了中外学者已有的研究成果，因而整个工作也做得更加细致一些。

鸟纹与兽面纹都是商周时期流行的主要纹饰，尤其是鸟纹更常见于西周时期的铜器，所以陈、张二氏对于这两种纹饰的研究是十分有意义的。应当承认，这种纯粹器型的研究总的说来是比较客观的，也比较严谨。不仅于上述两种纹饰的分类和分别式样的工作做得比较科学，而且对其时代的安排也基本上是可信的。只是对个别式样的纹饰的时间安排由于受到陈梦家及其他一些学者铜器分期观点的影响不免有些游移。如列为Ⅱ6式的大鸟纹，既知这种纹饰见于张家坡窖藏铜器盂簋，而张家坡铜器已被学者普遍定为穆王时器，却又按过去郭沫若和陈梦家的说法，把具有同样纹饰的庚嬴卣置于康王时代，从而得出"此式大鸟纹最早也许可以到康王时期，而大多数都是昭、穆时期的"这样不确定的结论。

对西周的器形、纹饰进行综合研究并以之作为西周铜器铭文断代基础的研究项目，是由中国社科院考古研究所的王世民、陈公柔、张长寿三位研究员合作完成的《西周青铜器分期断代研究》。这是国家"夏商周断代工程"所设"西周列王的年代学研究"课题下的一项专题研究成果。该项专题研究的预定目标是："以西周铜器中铭文可供西周历谱研究者为主，就其形制、纹饰作考古学的分期断代研究，为改进西周历谱研究提供比较可靠的依据。"研究报告首列"西周青铜器的典型材料"一节，交代了所收集的西周铜器的典型材料共352件。在这个问题上，作者注意到了以往的器型学研究或缺乏对典型墓地的分期成果进行分析，或仅仅对墓葬出土铜器加以分析，而缺乏与传世有铭铜器进行比较这两种偏向，因而所选材料中既包含了铜器墓及铜器窖藏这些地下出土物，又包含了传世品中的成组铜器和个别重要器物，尤其是其中的标准器和具有代表性的有铭铜器。在接下来的对西周青铜器的形制分析中，作者"像田野考古报告那样"，逐类对所收铜器按其形制进行详细的分型、分式，再逐件说明每个标本的形制和纹饰特征、出土地点、现藏处所、尺寸、铭文内容及其与他器物相关联的情况，以及它们的大体年代。第三部分，作者又对西周铜器上常见的几种变化较多的主体纹饰单独进行研究。这其中包含了作者过去已经发表的鸟纹和兽面纹，该报告又新增加了对窃曲纹的研究。作者认为，铜器形制和纹饰的变化并不是同步的，往往形制上相对稳定的时间稍长，纹饰上变化明显，因而需要将纹饰研究与形制研究结合起来，避免仅据器形断代的偏差。最后，报告根据各类器物形制和纹饰的详细对比，以及铭文内容的多方面联系，综合考察西周铜器的发展谱系。具体说来，作者将西周铜器分为早、中、晚三个时期（有时又再细分为这个时期的前、后两个阶段），然后分别将有关铜器墓或铜器窖藏中的成组铜器，以及传世器中的典型器物，分别纳入各时期或各时期的早、晚阶段。

王世民等的《西周青铜器分期断代研究》无疑是迄今为止青铜器器形学研究最系统、影响最为广泛的成果，不仅其类型与式样的分析比前人做得更加细致和科学，而且所排定的铜器类型及器物纹饰的具体时代，在总体上说来，也更为准确和可信。尽管如此，有些问题还是值得商榷的：一是对个别器型式样年代的判定尚欠斟酌。如方彝类之Ⅱ型弧壁方彝，作者所举五件这种形式的方彝皆定在西周昭王或其以后，给人以这种形式的方彝年代不出西周昭王以前的感觉。实际上，如《劫掠》A644、A645这两件弧壁方彝皆不能说是西周昭王以后的作品。前者可断为周初，后者据铭文字体及用语格式，亦当断在西周成康时期。二是对某些器物具体年代的断定还显得无据。如尊Ⅰ型有扉棱的筒形尊1式，所举6件器物，前5件都断为西周早期或成王时器，独第6件折尊，却称"学者公认其为昭王时器"。其实学者中认为此为康王时器的并非个别，所谓"公认"，殊为武断。从器形分析，亦未有理由把它断在昭王时期。又如在对连体兽面纹（Ⅲ型）的分析中，作者将周初董鼎、令方彝、折觥（尊、彝）、荣子方彝上所饰兽面纹均归于这种类型下的第12式，众所周知，董鼎是成康时期的器物，作者也肯定了这一点，并且还指出了令方彝与荣子方彝中的兽面纹"和典型的成康时期的小鸟纹共存"，可是，却又无端地认为"由于折器铭文有王在斥，唯王十又九祀，被确认是昭王十九年器"，前后矛盾，令人无法理解。最后，该报告只分析了11种器类，这虽是西周时期主要器种，但有的器类（如罍、斝）未列举入内，终是一种遗憾。

近年来，对铜器器型学进行研究并作出贡献的还有李学勤、马承源、刘启益、朱凤瀚诸位学者。特别是刘启益在《古文字研究》、《出土文献研究》等刊物上连续发表的西周各王时期铜器的初步清理，后来又整合为《西周年代》一书，将对铜器铭文的分析与对铜器器型的研究很好地结合起来，取得了较同时学者更为显著的成绩。

西周铜器类型学研究应该注意的问题　青铜器类型学研究（这里指的是结合金文分期断代的类型学研

究）要走向深入，应该注意以下三个方面的问题。

第一，铜器类型断代与铭文内容断代的有机结合。依靠铜器类型断代与根据铜器铭文内容断代二者的关系一定要处理好，它们各有其不可替代的功能，应相互为用，不能有所偏废。

自郭沫若提出"标准器断代法"以来，学者靡然从之。这种断代法易于为长期从事金文研究的国内学者所理解和掌握，且大多行之有效，但它却有一个明显的弱点，那就是它以铭文内容为主要断代依据，于青铜器形态自身发展变化的特征，虽亦有所注意，但仅以之作为断代的参考。这样，一旦人们对铜器铭文的理解发生偏差，又没有一套经过仔细推敲建立的青铜器形制花纹演变发展的谱系对上述认识进行约束检验，就很容易造成对铜器时代判断的失误。

有鉴于此，一些学者主张建立一套与铭文分开，纯粹由器物形制花纹区别器物时代的青铜器断代系统。郭宝均、陈公柔、张长寿、李丰等人的著述即是这一主张的具体实践，国外则有梅原末治等比较早地从事这项工作。

依靠铜器类型（器形、花纹等）进行断代自有其便于操作而少争议的优点。因为凭借器物客观提供的形象特征作为断代标准，减少了人们凭主观解释的成分。尤其是这种类型学研究与科学的考古发掘相结合，各种器物发展变化的时代断限依靠明确的地层关系及伴出陶器来确定，更使人们对由此确定的器物形态发展的谱系少有争议。过去人们因为对铭文内容理解不同而发生的争执亦可依此客观的器型标志而得以解决和息争了。

但是，利用器型断代也有一个缺陷，即这种断代方法得出的年代比较粗略，不能像根据铭文断代那样将器物年代精确到某个具体的王世，甚至某王某年某月。要正确判断一件有铭青铜器的制作时代，必须使考古类型学方法与仔细的铭文研究二者很好地结合起来，依靠类型学研究求得器物的相对年代，在相对年代的框架内通过铭文的探求确立器物的绝对年代。

第二，铜器类型诸多因素的综合考察。铜器类型断代必须综合考察器物形制、纹饰及铭文字体、书风诸方面的因素，尽量避免单纯强调某一方面的简单化和绝对化倾向。在这方面，有两种倾向值得注意。

一是单纯注重器物的形制特征，忽略更为活跃的器物纹饰变化的因素。如论令方彝、令簋的时代，只强调令簋方座下加四足的特征，以及令方彝下腹部向外倾垂的特征，并把它们说成是较晚的时代风格，却较少顾及这两件器物纹饰上所显示出来的较早的时代特征；对于与微氏家族铜器有关的趞尊、趞卣的分析，也只注重趞尊形制与启尊、丰尊等相同的一面（筒形尊，大腹下垂），而对趞尊颈部及圈足部所带有的顾首夔纹、目雷纹等纹饰风格，却缺乏分析。

二是对铜器铭文字体、书风的研究普遍不够重视。在我国古代，字体与书风具有与纹饰相同的美术欣赏价值，并且也确实可以作为判定铭文时代的一项重要依据。虽有一些学者间或对个别器物的铭文字体、书风有所提及，但罕有作出专门系统深入研究的。张振林在1980年代初发表的《试论铜器铭文形式上的时代标志》一文，从商周青铜器铭文字体的点画、偏旁结构及族氏文字几个方面探讨其所具有的时代特征，这大概是目前仅见的一篇讨论商周青铜器铭文字体的专论。近年王世民等的《西周青铜器分期断代研究》亦缺乏对铭文字体与书风的讨论。此研究报告虽亦给出了部分青铜器铭文的拓片，但却未对拓片显示出的铭文字体及书风的时代特征进行分析。这方面的工作，也是有待深入开展的。

第三，建立器物形制与纹饰发展的更周密的序列，使铜器断代建立在更加精确的类型学研究的基础之上。

所谓建立器物形制与花纹发展的更周密的序列，就是对每一种器物形制与花纹，包括它们的各种式、样，力求得出其最先产生和最终退出工艺舞台的准确时间，亦即对各个序列的首端和终端进行更准确的断限。目前这方面的研究已有所进展。如朱凤瀚的《古代中国青铜器》、王世民等的《西周青铜器分期断代研究》所列出的图表，皆比过去仔细而精确。有些新的研究成果，是由于新发现了有价值的器物而重新确定的。如编钟的产生，原据长安普渡村的材料，以为最早不过西周中期，但后来宝鸡竹园沟弦伯墓（M7）出土了三件一套的编钟，时代可定在西周的成康之际，始知自西周早期即已出现了编钟这类乐器。又如西周中后期广为流行的弇口扁圆体、通体饰瓦垅纹、圈足下有三个支足这种样式的簋，原皆以穆王时的遹簋为最早，但后来甘肃灵台西岭 M1 出土了同样形制（唯三个支足稍长）的吕姜簋，此墓的时代应定在昭王，看来这类式样的簋的时代也应提前。限于出土器物的仍然有限，以及某些认识上的原因，一些器物形制与花纹的发展序列，仍有待进一步完善。

② 历朔断代法

（1）月相定点说与金文历日断代。

运用金文历日进行断代，关键在于如何理解历日要素中的月相词语。由于诸家对金文中习见的初吉、既生霸、既望、既死霸等月相词语各有不同的界说，因而形成了不同的金文历日断代方法，最具影响的主要有三种，即月相定点说、月相四分说和月相二系说。

月相定点说的提出与倡扬 西周金文中的月相词语，大都见于西周文献。从文献上反映的情况看，大多数月相词语似乎都是定点的，而且应该定在一日。请看下面几条材料：

> 1）"惟一月壬辰旁死霸，若翌日癸巳，武王乃朝步自周，于征伐纣。""粤若来三月既死霸，粤五日甲子，咸刘商王纣。""惟四月既旁生霸，粤六日庚戌，武王燎于周庙。翌日辛亥，祀于天位。粤五日乙卯，乃以庶国祀馘于周庙。"（《汉书·律历志·世经》引《周书·武成》）
>
> 2）"惟一月丙辰旁生魄，若翼日丁巳，王乃

步自于周，征伐商王纣。越若来二月既死魄，越五日甲子朝至，接于商，则咸刘商王纣。……时四月既旁生魄，越六日庚戌，武王朝至燎于周。"（《逸周书·世俘》）

3）"惟二月既望，越六日乙未，王朝步自周，则至于丰。惟太保先周公相宅，越若来三月，惟丙午朏，越三日戊申，太保朝至于洛卜宅。"（《尚书·召诰》）

4）"惟四月哉生魄，王不怿。甲子，王乃洮颒水。……越翼日乙丑，王崩。"（《尚书·顾命》）

以上材料所给的信息，即是月相应该定点在一日，否则不能在某月相后说翌日或越几日。但每种月相具体如何定点，并不十分明确。只有第③条，月相既望与朏成对应关系，似可据其干支推知。朏是月始生之日，古人多以初三解之，也有承大月二日、小月三日之说。从现代天文学提供的知识看，由于合朔时刻有早晚之别，故新月初见确实有时在初二，有时在初三。准此，若以朔为三月月首进行逆推，可知二月不管是月大月小，既望均在十六日，朔日干支为乙亥。至于其他月相如既死霸等该如何具体定点，单就这些材料本身是不好判断的。

西汉著名学者刘歆，在探索周初年代的过程中，充分利用了上述历日资料，并对有关月相词语首次给予了具体而明确的定点解说。此说的核心由刘歆简要概括为："死霸（意即既死霸），朔（初一）也；生霸（意即哉生霸），望（十五日）也。"以前引文献论，刘歆对其月相词语予以定点解说，并非违失原意，特别是以既望为十六日，与《召诰》文义相合。至于对其他月相的定点及验证，则颇多可议之处。一是以既死霸为朔，缺乏可靠的证据。二是刘歆既以既死霸为朔，则望（十五日）无所对应，遂误以《顾命》之"哉生霸"当之。三是刘歆运用三统历推考武王克商之年，以其用历并不合天，故对《武成》所载历日的勘合，不免与实际天象多有距离，并不能使其月相定点说真正得到验证。刘歆定武王克商在前 1122 年，则当年周正正月癸亥朔，冬至乙丑为初三，他却推为己未冬至，先天七日必入前一月，致使他所说的周正建子实际成了建亥，根本无法证成其说。

然而，后世学者即使不相信刘歆推考的周初年代，也很少有人怀疑刘歆的月相定点说。如一行知三统历并不合天，故以大衍历重定前 1111 年为武王克商之年。但一行在月相定点问题上，却一遵刘歆之说，并用以勘合《武成》、《召诰》、《顾命》诸历日。由于一行对刘歆月相定点说的肯定，无疑更增加了它的影响力。

迄至晚清，著名学者俞樾，通过进一步研究文献中的月相用语，著《生霸死霸考》以正刘歆之失。他说："惟以古义言之，则霸者月之光也，朔为死霸之极，望为生霸之极。以三统术言之，则霸者月之无光处也，朔为死霸之始，望为生霸之始。其于古义翻然反矣。"至于刘歆对月相的定点,俞氏以为除"哉生霸"外,"均与古义无违"。俞氏解"哉生霸之为三日",与朏同义,成了他对刘歆定点月相的重要修正。俞氏仍以朔望定点,反复强调的"朔日既死霸"、"望日既生霸",实际还是刘歆月相说的翻版。这样,刘歆的月相定点说经过俞樾的补苴与倡扬,似乎立论更为坚实,故信从者颇不乏人。由于其后信从月相定点说的学者,不只以《武成》、《召诰》等文献为据,还在铜器断代中大量使用金文资料,或坐实刘、俞旧说,或重新调整月相定点的位置另立新说,使问题变得更为复杂。

定点说对金文历日断代的启动 运用铜器中的历日要素进行断代,可以上溯到宋代。从现存文献材料来看,最初进行这种尝试的是南宋金石学家吕大临。他在《考古图》卷三《散季敦》的考释中率先使用了这一方法。散季敦铭云"惟王四年八月初吉丁亥",吕大临"以太初历推之",认为本铭作于武王即位四年伐纣之岁八月丁亥朔。在这里,吕大临只是简单套用刘歆《世经》中的年历,以事推演,结论当然说不上可靠。但他认识到金文历日可以用于断代,给后人提供了一条很有价值的思路,是其贡献。

在吕大临之后,数百年间无人追步,至晚清罗士琳始略踵厥法,用以考察无叀鼎的年代。无叀鼎铭有"司徒南仲"其人,但文献中的南仲一为文王之属,一为宣王之臣,不好据以确定器铭的时代。道光壬寅年(1842年)罗士琳作《周无专鼎铭考》,运用四分周术编排文王即位四十二年、受命九年、宣王四十六年之长历，排除文王时期任何一年有"惟九月既望甲戌"的可能性，从而把无专（更）鼎确定在宣王十六年，以为是年"九月朔戊午，望癸酉，其既望甲戌为月之十七日，与鼎铭合。"次年癸卯（1843）秋，平定张穆师法友人罗士琳之术，对虢季子白盘历日"惟十有二年正月初吉丁亥"予以考演，认为"此盘与焦山无专鼎皆周宣王时物也"。

罗、张二氏使用历术进行铜器断代，令人耳目一新，一时备受推崇，叹为精审。其实，罗、张定无更鼎与虢季子白盘为宣王时器虽无误失，但所操历术并不合天，像阮元那样赞其考演"毫无所差"是有些过头了。此外，从吕大临到罗士琳、张穆，他们在利用金文历日断代过程中，都对月相问题注意不够，所以未能形成自己特有的见解。这表明金文历朔断代法在创始之初，还是颇为粗疏而不得要领的。

能够自觉将金文历日四要素综合加以考察，并用于铜器断代实践中的，当推近世著名学者刘师培为第一人。1910 年他发表《周代吉金年月考》，选择备书年月日的铭文 30 余篇，其中绝大部分具有月相要素，然后"以三统历、周历为主，以殷历、鲁历为辅"，推其历日所属王年。当时俞樾的《生霸死霸考》早已问世，其月相定点说自然要对刘师培产生影响。故刘师培对金文中月相含义的理解，大体不脱俞氏之窠臼。他袭用刘歆之说，以既死霸为朔日，并在历朔断代中加以演绎，合则取，不合则弃。如兮甲盘，人皆谓为宣王时器，他推得宣王五年"三月乙丑朔，庚寅为二十七日"，与铭云"惟五年三月既死霸（朔日）庚寅"不合，故谓"非宣王之器甚明"，并推定为厉王五年器。他也认同俞樾"望日既生霸"的说法，故对既望与既生霸都同时以十五、十六日解之。但是，他认为初吉可以是朔日，义同既死霸；又说"盖既望犹之初吉，不必定属之朔日及十六也"，故把初吉从朔日延伸到十五日，把既望从十五日延伸到二十日。这些都是他从历朔断代实践中归纳出的新见。可见刘师培对金文中月相含义的认识，虽受定点说的支配，却也有自己一定程度的不定点意见。这对于王国维后来提出月相四分说可能有一定的启迪作用。

刘师培这次金文历日断代工作，由于涉及器铭多，时代跨度大，又有月相因素的引入，事属草创，所以暴露出的问题也就相当多。除了月相解释有误及用历不精外，其他毛病也不少。一是据以考索金文历日的年代框架，基本采信邵雍的《皇极经世》，并不具备将金文历日对号入座的可靠条件。二是器铭时代判断不确，势必造成历日错位。三是误释金文干支，使历日定位南辕北辙。诸如此类，被人讥为"乖违百端"，致使刘氏在金文历朔断代方面发凡起例的开创之功黯然失色。

不管怎么说，无法否定的是，此次刘氏推考的纪年铜器不只数量较前人大为增多，更重要的是在研究方法上有新的突破。这就是把过去一直被忽略的金文"月相"第一次作为历日要素引入了研究之中，使历朔断代法开始向成熟阶段演进。

定点旧说与金文历日断代　对月相定点说的支持者来说，月相究应如何定点，意见极为纷纭。大致说来，置既死霸于既望之前者，原则袭用刘歆、俞樾之见，可称为月相定点旧说；置既死霸于既望之后者，原则修正刘歆、俞樾之见，可称为月相定点新说。

月相定点旧说坚持朔日之为既死霸，曾有不少学者从不同侧面给予论证。如董作宾在《周金文中生霸死霸考》一文中，进行论证的过程是这样的：初吉为朔，既死霸为初吉，故既死霸为朔。董氏举静簋为证，用四分历术把铭中的"六月"与"八月"分排于两年立说，证明初吉可指朔日。这个结论，有文献与金文历日可证，问题不大。不过，在金文中初吉是否仅以朔日定点，则是另一个问题。这里举一个人们经常提到的例证予以说明：

　　1）或簋："惟六月初吉乙酉，才堂师。"
　　2）或鼎："惟九月既望乙丑，才堂师。"

此二器同出一墓，墓主即器主伯或。前铭记器主伐戎有功，后铭记器主因功受赏，内容互有关联，事件同地发生，日辰先后衔接，学者多以为是穆世同年之器。据定点旧说，既望一般为十六日，有时为十七、十八日，则铭中九月朔有庚戌、己酉、戊申三种可能，按大小月相间的办法，并以九月或大或小作基准，逆推六月朔可以分别是壬午、辛巳、庚辰、己卯，则

"初吉乙酉"相应为六月初四、初五、初六、初七。这说明金文中的初吉并非固定在朔日一天。

不要说初吉并不以朔日为限，就算初吉定点为朔，也无法支持既死霸为朔的结论，因为既死霸与初吉根本是两回事，不可等视齐观。试看董作宾所举既死霸即初吉的例证：

> 1）师晨鼎："惟三年三月初吉甲戌，王在周师录宫。"
>
> 2）师俞鼎："惟三年三月初吉甲戌，王在周师录宫。"
>
> 3）颂鼎："惟三年五月既死霸甲戌，王在周康邵宫。"

董氏据此说："同是三年，仪式全同，但人地有异。定点月相，既死霸、初吉都是朔日，便不易逢到同在王的三年而朔日又相近的机会。《两周金文大系考释》列前两器于厉王，现在看是对的。但后一器则列于恭王，现在看，不与昔（趞）曹鼎年月调和，是不对的。若列在厉王，在历法上可以连大月解释之：三月大甲戌朔，四月大甲戌朔，五月小甲戌朔。如此，则三器可能在同一王的三年了。"在这里，董氏对既死霸为初吉的论证是有问题的。其一，颂鼎为西周晚期宣世器，但师晨鼎、师俞鼎因盨的出土被证明是西周中期共世以后的器物，三器不宜以同王同年之物视之。前两器与后一器被册命的人物与地点全无关联，也是其制作不同时的重要内证。其二，以器铭年、月、日相同或相近，就断为同世之器，再进而推论既死霸即初吉，也远非严密。其三，在晋侯苏编钟的铭文中，初吉与既死霸并出共见，以"一器之中不容用两种记日法"，知既死霸绝非初吉。

董作宾主张既死霸为朔的三段论，以其"初吉即朔"和"既死霸即初吉"这两个前提都未得到坚确的证明，实难遵信。但他又继续推论说："既死霸为朔，这虽不是坚强的证据，但既生霸为望，有次节的证明，也可类推作它的旁证。"董氏的意思是，既生霸为望可以成立，既死霸为朔就是顺理成章的事，因为望与朔、既生霸与既死霸，都是两相对应的。董氏认为既生霸即望日，是通过曶鼎历日推算出来的。但曶鼎历日即如董氏所排，也只能说明既生霸可以是望日，绝不等于只能定点在望日。既生霸既不能定点为望，当然也就不能作为既死霸必须定点为朔的旁证。

在董作宾之后，另有不少学者对定点旧说加以补正。如陈梦家、唐兰、黄彰健、张闻玉等分别利用文献或金文资料，从不同角度论证既死霸为朔、既生霸为望的见解。然而观其证据，仍多牵强。其中董作宾、张汝舟及张闻玉等还以此作为金文历日断代的指南，其结果则是造成绝大多数金文历日的失真错位。

定点新说与金文历日断代 所谓月相定点新说，除了坚持月相应该定点之外，有一显著标志是把既死霸置于既望之后。莫非斯、劳榦、刘启益、李仲操等即是这方面的代表人物。与前述月相定点旧说相比，这些学者对月相定点提出的新说具有两大特点：一是置既死霸于既望之后，形成初吉—既生霸—既望—既死霸的合理排序；二是力图通过铜器历日的系联，获得对月相术语的正确认识。这些都是值得肯定的。但他们仍然坚持对月相定点，同样遇到很多不可克服的障碍。

1936年，莫非斯发表《西周历朔新谱及其他》一文，阐述了他对月相定点的新看法。关于初吉为朔、既生霸为十五、既望为十六等见解与旧说同，可以不论。但莫氏较早提出既死霸为晦的主张，值得我们留意。他说："至于既死霸之不从俞樾解者，因铜器上有：《颂鼎》：'隹三年五月既死霸甲戌'；《史颂鼎》：'隹三年五月丁巳'。丁巳在甲戌前十七日，故知既死霸为晦而非朔也。"此以颂鼎和史颂鼎二器的历日相系联，认为既死霸应在既望之后，并以晦日定点，其论证相当勉强。即使在莫氏的《西周历谱表》中，入谱合历的颂鼎与兮甲盘，其月相既死霸一为28日，一为30日，也不以晦日为限，何况莫氏历谱还存在太多问题。相反，有材料表明既死霸绝不可固定在晦日，此即《汉书·律历志》所引《武成》篇云："粤若来三（二）月既死霸，粤五日甲子咸刘商王纣。"是知既死霸可以是月末几日，但不能以晦定点，否则一月之中何得再有"粤五日甲子"。

劳榦的定点新说，每一月相虽有一个基点，即初吉为初一，既生霸为初五，既望为十五，既死霸为二十，但均有三天或四天的上下限。他说这是"因为月相观测，在古代是难于精密的，致使每一种月相都不是一点，而是可以延长数日。"故仍可以定点说视之。为了调和古本《竹书纪年》所记西周积年与古本《武成》历日的矛盾，劳氏定武王克商为前 1025 年，并据董作宾历谱归纳出他对于月相问题的新看法。然而，几年后，劳氏作《商周年代的新估计》，并未放弃他的克商之年说，却转而信从王国维的四分一月说。这种前后矛盾的做法，不只表明他对西周年代的考索存在问题，而且说明他的月相定点新说也靠不住。他自己由开始摇摆于董作宾与王国维之间，到最后又倒向王国维一边，就是明证。

1979 年刘启益发表《西周金文中月相词语的解释》一文，提出了他对月相词语的理解，并以铜器历日验证认为是合宜的。此后刘氏又陆续著文，进一步对他的月相定点说加以演绎，几乎对所有重要的纪年铜器都作了绝对年代的考察，并由此推出武王至厉王的在位年数。刘氏此举在学术界引起强烈反响，不少学者纷纷著文与之商榷，使月相问题的研究进一步深化。

在刘氏的定点说中，最具特色的是他对既生霸内涵的理解，自称"与过去完全不同"。刘氏在上文举了两个例证来说明既生霸应为初三或初四，细加分析都是有问题的。

刘文例一，以师虎簋和牧簋所记历日为依据，推证其既生霸新说。师虎簋记"惟元年六月既望甲戌"，刘文虽说"既望为十六、十七或十八，元年六月朔应为丁巳、戊午或己未"，但仅取己未朔为起点，按大小月相间的办法，列表下排到七年十三月庚戌朔。刘文所排历朔表七年始置一闰，违背历法规律，可信度已大打折扣。而刘氏根据历朔表作出的推断更是令人大惑不解。他说："按师虎簋元年六月己未朔往下排比，至七年十一月辛亥，而牧簋七年十三月既生霸为甲寅。按照我们理解，既生霸为初三、初四，七年十三月应为辛亥或壬子朔，与师虎簋往下排比的七年十一月辛亥朔，干支差一天就可以相合。"在这里刘文用七年十一月和七年十三月这两个不同月份的朔日干支作对比，不要说"干支差一天就可以相合"，就是完全相合，也不证明牧簋七年十三月既生霸甲寅为初三或初四。此外，师虎簋元年六月朔日既有己未、戊午、丁巳三种可能性，依刘文历朔表推算，则牧簋七年十三月既生霸甲寅相应有初五、初六、初七三种结果，就算其中初五差一天可以相合，但另外两种可能性却没有办法排除。在这种情况下，只从需要出发，择取其中之一作为结论，当然是没有说服力的。

刘文例二，以遹簋"惟六月既死霸丙寅"为起点，下推臤尊"惟十又三月既生霸丁卯"，得既生霸为初四。依刘说，既死霸为二十九或三十日（晦），故六月应为丁酉或戊戌朔。以六月（小）戊戌朔排比到十三月（大）甲子朔，丁卯适为初四。尽管刘文是以六月（大）戊戌朔往下排，有其技术上的罅漏不够周密，但这还不是它不足取信的关键所在。真正的问题在于刘氏以既死霸为晦和二器制作同年作为推证的前提未必可靠。既死霸不能定点为晦，前已言之，而遇甗和臤尊虽都记有"师雍父戍在古师"，也不好说就一定是"同一年制作的"，因为二器没有王年相同的直接记录，又无法证明"师雍父戍在古师"只有一年时间，这就不免存在二器分年制作的可能性。据二器铭文，遇和臤都是从属师雍父出征的将领，但遇受赐于胡侯，而臤是"仲竞父易赤金"，其事与师雍父关系不大，从这里透露出的可能就是二器并非同年制作的信息。刘文的两个例证不能证成其既生霸为初三或初四之说，而乍册魆卣中既望与既生霸的关系，如以既望为十六、十七、十八日，则既生霸就存在十二、十三、十四日三种可能性。这更是刘说坚强的反证。至于刘氏把初吉定点为初二或初三，却在自己的例证中出现初吉为初一和初四的情况，就更无法取信于人了。刘氏的月相定点新说既存在不少窒碍，一切演绎都无从说起。

李仲操的月相定点新说认为，西周以月相记日，以朏（月出之日）为月首，反映月亮盈亏变化的初吉、既生霸、既望、既死霸四种月相，分别代表一月的四个阶段。凡金文中月相与干支相连的历日必是定点的，"都在本月相的头一天"，而那些月相与干支分开记事的历日不是定点的，仅在"本月相日期所辖范围内的某天"；对定点月相干支日来说，"朏和初吉为初一，既生霸为初九，既望为十四，既死霸为二十三"。李氏在此对月相所代表的时段的划分，大体不差，但把月相定点在一日仍有问题。在静方鼎铭中，从八月初吉庚申到既望丁丑相距18天，即与他主张初吉与既望相距 14 天不合。而在乍册魅卣铭中，既望与既生霸的对应关系有多种可能性，李氏只选取既生霸为初九对应既望为十四，亦不足以服人。李氏曾对诸多铜器历日加以推考，自谓与其所定月相的日序相合，实则与实际天象相违，同样无法成立。

以上诸家的月相定点新说，使人感到各家虽然都贡献过一些有价值的意见，但要坚持对月相进行定点还是有困难的，至少尚未拿出无懈可击的证据，让人们信服。自然，以其月相说为准绳，进行金文历日断代，也就无法保证不出问题。

（2）月相四分说与金文历日断代。

继俞樾倡扬月相定点说，并有刘师培以金文历日进行铜器断代之后，王国维在同题名文《生霸死霸考》中又提出了旷古未闻的月相四分说，得到不少学者的大力响应。

点段相兼的月相四分说 王国维说："余览古器物铭，而得古之所以名日者凡四：曰初吉，曰既生霸，曰既望，曰既死霸。古者盖分一月之日为四分：一曰初吉，谓自一日至七八日也；二曰既生霸，谓自八九日以降至十四五日也；三曰既望，谓十五六日以后至二十二三日；四曰既死霸，谓二十三日以后至于晦也。"这是王氏月相说最为闪光的部分，以为古历把一月分为四个时段，每段七八天，顺次以初吉、既生霸、既望、既死霸等月相词语名之。王氏月相说的核心在此，故后来普遍称之为一月四分说或月相四分说。

王国维又说："初吉、既生霸、既望、既死霸各有七日或八日，哉生魄、旁生霸、旁死霸各有五日若六日，而第一日亦得专其名……欲精纪其日，则先纪诸名之第一日，而又云粤几日某某以定之，如《武成》、《召诰》是也。"这是说诸月相词语既可用作公名，涵指七八日或五六日一个时段，又可作为专名，涵指每个时段的第一日，以达到精纪其日的目的。这样，一月之中的四个时段又兼具诸多定点，成为一种点段相兼的月相四月说。

对于月相四分说，信从的人固然很多，反对的人也不在少数。金文中常见的初吉、既生霸、既望、既死霸等记时词语，自日本学者新城新藏著《东洋天文学史》称为月相之后，学界多所从之。但反对王国维月相四分说的人，则以为初吉与既生霸、既望、既死霸的性质并不相同，后者为月相，属于历法中的记时系统，而前者则非月相，属于吉日系统，只是在客观上起到记时作用。这种看法若能成立，王国维的月相四分说也就没有存在的余地了。

把初吉从月相词语中排除，似为刘朝阳所首倡。刘氏根据王引之《经义述闻》所谓"其在月之上旬谓初吉"，提出"初吉为用占卜挑选出来的初旬吉日"，并不以月初七八日为限，故非月相。其后黄盛璋又提出"初吉是初干吉日"，刘雨则认为初吉即"大吉"既可在月首也可在月尾。这些说法都是直接针对王国维的一月四分说提出来的。各家试图证明初吉并不限于一至八日，则初吉非月相，月相四分说似乎也就不攻自破。然而从各家所持证据来看，似乎还不足以动摇一月四分说。

　　王引之说："其在月之上旬谓之初吉。《周语》曰：'自今至于初吉。'初吉谓立春之日也。立春多在正月上旬，故谓之初吉。"初吉何以要在月之上旬？王氏仅以"立春多在正月上旬"立论，显然不成证据，原因是若立春在上年十二月下旬，初吉即无以作解。刘朝阳据此说"初吉为用占卜挑选出来的初旬吉日"也就不具说服力。有鉴于此，黄盛璋更以"初干吉日"释初吉，初吉仍限于上旬十日之内。黄氏主要通过吴王光鉴"惟王五月……吉日初庚"与同墓出土的蔡侯钟铭"惟正五月初吉孟庚"加以对比，认为"吉日初庚"就是"初吉孟庚"，从而提出初吉即初干吉日之说。黄氏所用金文材料的时代已属春秋晚期，即使果如斯言，也未必完全符合西周的情况。因为春秋历法已进入推步阶段，月首有朔日可记，原西周时期使用的月相词语已无实用价值，唯一沿用的"初吉"其含义也就免不了发生变化。王和曾经指出，春秋以后所有金文之初吉均只表示吉利，并无实际的记日意义。以此类推西周的情况可能会有出入。

　　比黄盛璋走得更远的学者，认为初吉并不以上旬十日为限，而某日在历月的中下旬亦可以初吉名之。这种看法首先遇到语义上的障碍，即初吉之"初"如果以上旬十日或曰初旬尚勉强说得过去，但要说中下旬的某日还可以"初"相称，实在不符合汉语的表达方式。为此，刘雨认为初吉的"初"与"大"通，试图化解这个矛盾。他通过对盂爵"惟王初桑于成周"

和献侯器鼎"惟成王大菜在宗周"二铭的语例分析说："'初菜'者，'大菜'也。故'初吉'者，'大吉'也。"此以初训大，不仅为经籍所未见，而且不合盂爵与献侯器鼎之文义。前者是说在成周首次举行菜祭，后者所言举行大规模的菜祭是在宗周，二者显非一事，决不能把初菜说成是大菜，更不能由此得出初可训大的结论。

综合各方面的信息来看，把初吉视同既生霸、既望、既死霸一样的月相用语还是合宜的。第一，初吉与既生霸、既望、既死霸在晋侯苏钟、静方鼎中同出一铭，且同为月、日之间的记时单位，若既生霸、既望、既死霸可视为月相名词，就没有理由把初吉排除于月相系统之外。其中的道理很简单，也很重要，但常常被不少人所忽略，这就是王国维早已在《生霸死霸考》中指出的："一器之中不容用两种记日法。"若初吉为吉日系统可指历月中任何一日，势必与既生霸、既望、既死霸等月相记时系统重叠交叉，不只达不到记时的目的，反而还会带来许多混乱和麻烦，古人未必自扰若是。第二，从字面上看初吉确实与月相无多关联，但实质上具有月相的内涵，却是古有其说的。《诗·小雅·小明》："二月初吉，载离寒暑。"毛传："初吉，二月朔日也"，郑笺与孔疏俱同。又《国语·周语上》："先时九日，太史告稷曰：'自今至于初吉，阳气俱蒸，土膏其动'。"韦昭注："先，先立春日也。"又注"初吉，二月朔日也"。是立春适逢夏正正月（周正三月）朔日，韦昭注为"二月朔日"若非殷正则误，因为立春节不会出现在周正或夏正的二月朔日。又春秋邾王子钟云："唯正月初吉元日癸亥"，元日即朔日，应是西周初吉可指朔日的孑遗。在西周甲骨金文中，初吉又别称月吉、既吉，其为月相用语是很清楚的。第三，在西周金文中，虽然初吉出现的频率比既生霸、既望、既死霸三个月相的总和还要多，但历日初吉所记事件多系册命赏赐之事，这是可以人为确定日期的，以便与初吉的名称相应，图个吉利，这并不影响初吉作为月相用名来使用。一言以蔽之，初吉与既生霸、既望、既死霸为同一性质的记时用语应可肯定。

一月四分说新证　所谓月相，是人们在地球上所看到的因地月运动而不断变化的月体形象。在一个朔望月中，月相一直处在不断变化的过程之中，晦、朔、朏、弦（上、下弦）、望等词语就是古人对月相变化特征较为显著之日的称呼。王国维以月相弦与望的变化作为一月四分的依据，是富于灼见的。月相变化是一个渐进的过程，今夕与明夕看不出多大区别，唯有弦与望的特征最易识别。而上弦、望与下弦所出现的三个历点，正好把一个朔望月分为大致均衡的四个时段。天文学家张培瑜在《西周年代历法与金文月相纪日》一文中说："月相盈亏改变一周的时期恰当年、日之间，是一个长度适中的记时单位，因与月相有关，故称作月。月相由朏而上弦（右半圆轮明亮），再由上弦而至满月，望后右半圆轮开始亏缺，亮面逐渐缩小而到下弦（左半轮明亮），直到完全消失（晦）。每个阶段七八天，显然是计数月中日序的好方法。"可见王国维以为这四个时段在金文中是用初吉、既生霸、既望、既死霸等记时词语来表述的，既与这些记时词语在金文历月中出现的前后顺序相符，亦与这些记时词语所隐含的月相变化约略相应，是有其立论基础的。只是王氏期从进一步的历法证明，以其所用历谱不精和铜器断代不确，未能取得成功。但这并不意味着他的月相理论可以全盘推翻，因为还有途径为王氏的一月四分说提供新的证明。

在同一篇的金文记事中，如果一年之内具备含有月份、记时词语和记日干支的两个历点，就可根据两个历点的时距对记时词语应有的含义作出相应的判断。这种材料迄今为止发现的还不多，真正可资利用的只有作册䰧卣、静方鼎、晋侯苏钟等三条。根据作册䰧卣、静方鼎、晋侯苏钟等三篇铭文的历日资料提供三组数据，用四分说在时间范围上取最小值、中间值和最大值加以验证。

（1）作册䰧卣：二月既望乙亥——四月既生霸庚午。从乙亥到庚午历时 56 天，不足两个朔望月。按四分说取最小值即从二月二十三到四月八日，为 46 天；取中间值即从二月十五日到四月八日，为 53 天；取最大值即从二月十五日到四月十五日，为 60 天。

（2）静方鼎：八月初吉庚申——月既望丁丑。本铭"月既望"之前或谓有夺字，不过即使夺月序数，也不妨碍这种推算。这里倾向于庚申与丁丑为同月历日，历时 18 天。按四分说取最小值即从八月八日到十

99

五日，为 8 天；取中间值即从八月一日到十五日，为 15 天；取最大值即从八月一日到二十三日，为 23 天。

（3）晋侯苏钟：正月既生霸戊午——六月初吉戊寅。本来此铭还有"二月既望癸卯"和"二月既死霸壬寅"两个历日，因有误刻不予讨论。这样从正月戊午到六月戊寅则历时 141 天。按四分说取最小值即从正月十五日到六月一日，为 135 天；取中间值即从正月八日到六月一日，为 142 天；取最大值即从二月八日到六月八日，为 149 天。

这里所谓最大值是以前一记时词语的起点算至后一记时词语的终点所得两个历点的时间幅度，最小值是以前一记时词语的终点算至后一记时词语的起点所得两个历点的时间幅度，铭文中两个历点的实际间距必须分布在最大值与最小值的范围之内，才符合月相四分说的要求。而所谓中间值则是前一记时词语的起点算至后一记时词语的起点，或前一记时词语的终点算至后一记时词语的终点所得两个历点的时间幅度，它把两个历点的时间范围划分为前后均衡的两个时段，铭中两个历点的实际间距应分布在中间值前后的两个时段内，若大于中间值七八天便与最大值叠合，小于中间值七八天便与最小值叠合，属于两种非常极端的现象，若在中间值前后三四日（实即一个月相时段）则比较符合一月四分说的一般情况。以这样的标准来衡量，上面三组数据无一不合，此即各铭两个历点的时间间距均大于最小值而小于最大值，且与中间值十分接近，如作册旟卣、静方鼎大于中间值三日，晋侯苏钟小于中间值一日。尽管三铭只涉及初吉、既生霸、既望等三个记时词语，但除静方鼎外，由于作册卣、晋侯苏钟的两个历点都已经过完整的月份，一为一个月，一为四个月，那么金文记时词语所含月相变化必有循环往复的机会。这就是说，各个记时词语实际上都已蕴涵其间。如果初吉等记时词语不具一月四分这样的内涵并在历月上成规律的分布，恐怕不会在有上面三组数据所表现出来的一致性。

这里所使用的方法是从一月四分说中推演出来，也就是说，如果一月四分说是真实的，就应该经得起验证，验证的结论必须符合其自身特有的内涵。这里虽只用了三件全历日器铭，但其历日在同一年，有关置闰和连大月的变数已不存在，可靠性大为增加。事实证明，只有月相四分说经得起这种纯历理的检验，比较真实地揭示了西周用历的事实。而其他各种月相理论如果用两个或三个历点来检验，立刻就显得捉襟见肘了，前面说到的月相定点说即是如此。张培瑜也曾根据晋侯苏钟的历日材料针对各种月相理论作过纯历理分析，结论是一样的，"在四分与定点月相的长期讨论中，可能四分说更为近真，而定点说存在较大的困难"。

四分说的消极断代 王国维提出的月相四分说，近百年来曾被学者广泛加以运用，先后经历了金文历日的消极断代和积极考年的发展过程。

运用月相四分说进行金文历日断代的学者，当首推日本学者新城新藏，继之是王国维的亲炙弟子吴其昌。1928年，新城氏发表《东洋天文学史研究》，集中体现了他研究中国殷周年代学和金文历日断代的成果。次年，吴其昌发表论文《金文历朔疏证》，其后经过补充更正作为专著出版，提出了他对西周年代和金文历日断代的基本见解。这是郭沫若标准器断代法尚未创制之前，运用月相四分说进行金文历日断代的最初尝试。这种尝试是可贵的，但也是不成功的。

王国维提出的月相四分说虽说近真，但要成功地运用此说进行金文历日断代却是有条件的。首要的条件是要有合乎实际天象的历表可据，否则金文历日将无所附丽。在这方面，吴其昌与新城氏都为历谱的编制下过很大的工夫，但都说不上精确可据。由于历谱的不精，在进行金文历日断代时将会导致两种结果。一是金文历日虽不离其实所记事的王年，却与月相所辖历日的准确位置不符。二是金文历日完全脱离其实所记事的年代，而被错置于其他毫不相关的王世。而吴表与新城表的疏误，便成为他们所作金文历日断代未获成功的重要原因。

除此之外，新城氏与吴其昌所用于金文历日断代的西周纪年体系也是有问题的。关于共和以前西周列王的在位年代，文献早已失载。可是到了宋代，却出现了完整的西周纪年，此首见于邵雍的《皇极经世》。这个西周纪年体系以刘歆所定克商之年（前1122年）为基础，并综合刘歆以后各种纪年资料编制而成，说不上有多少可靠性。但吴其昌却全面继承了它，并与所拟历谱相配合，作为金文历日断代的基础。由于新城氏深知三统历并不合天，故不相信刘歆的月相定点说，转而采用王国维的月相四分说对武王克商之年进行了重新考证，推定该年为公元前 1066 年。为了适应这一年代的需要，他无法照搬《皇极经世》的西周纪年，必须对其有所调整。经过对文献材料的一番考索，新城氏确定昭王在位 24 年，厉王在位 16 年，共王与夷王各 12 年，余则一仍《皇极经世》之旧，从而形成了他所需要的西周纪年体系，并配合自己的历表寻找金文历日的适合点。这两种纪年体系不只缺乏足够的依据，而且存在严重的硬伤。正如郭沫若当时指出的那样："盖周初之历法迄今尚未确知，即周初诸王之年代亦尚无定论，例以共王言，《太平御览》第八十三引《帝王世纪》云在位二十年，《通鉴外纪》在位十年，又引皇甫谧说在位二十五年，后世《皇极经世》等书复推算为十二年。吴氏历谱中所采者为十二年之说，然存世有趞曹鼎第二器（《周金文存》卷二第二十七叶），其铭云'隹（唯）十又五年五月既生霸壬午，龚王在周新宫，王射于射庐'，此龚王即共王。……由此器可知共王有十五年，彼二十五年说与二十年说虽未知孰是，然如十年说与十二年说则可断言其皆非也（日本新城博士初著《周初之年代》采十二年说，后著《上古金文之研究》又改定为十年，皆失之）。吴谱所采者为十二年说，有此一器，即可证其全谱之不能成立，更何能据其谱以事推步耶？"

不过，换一个角度看，选择或拟定一个西周纪年体系，用作金文历日断代的参照亦无不可。问题只在于新城氏和吴其昌不是用金文历日来进一步调整只供参照的纪年体系，而是把各自的纪年体系作为金文历日入谱定位的前提。这样，金文历日只是消极地去适应他们的年历谱，不仅未能发挥其调整纪年体系的积极作用，反而受到僵硬的纪年体系的制约，使之不可避免地脱离了它们本身所在的王世与历点。

上面所说的两个问题，一是历谱，二是西周纪年体系，都是金文历日断代必不可少的条件。历谱不精，可以通过更为严密的推算来解决，如今日所见张培瑜的《中国先秦史历表》即是根据现代天文方法计算编制而成的，事实上是殷周时期真实的历日表，精确可据。但西周纪年体系如果单凭有限的文献资料来求证，恐怕永无解决之日。那么，金文历日断代是否真如郭沫若所说"更何能据其谱以事推步耶"？

实际上，西周纪年体系的重建是可以通过金文历日和文献资料的合证来加以解决的。可是，当时的人们并未能充分认识到金文历日对于考定西周列王年代的积极作用，而是先行拟定一种纪年体系来使金文历日对号入座，从研究方法上讲，这是非常致命的一个缺陷。

对于全历日金文来说，除有历日要素之外，还常有一些历史人物与事件的记载，乃至作为载体的器形与纹饰，或字形与书风等非历日因素，也都是判断其相对年代的重要依据。只有弄清了器铭的相对年代，金文历日才不致偏离其绝对年代。在这个问题上，王国维已有一定的认识，如他在《生霸死霸考》中对今甲盘和颂鼎等器历日的考定，就首先判定它们应为宣世之器，继之才说到它的历日问题。但从总体上说，由于当时铜器断代研究足资利用的成果较少，人们对铜器时代的把握颇多迷惘，以致不恰当地转而把希望寄托于金文历日的断代上。从新城氏和吴其昌的研究方法可以看出，历朔断代是第一位的，至于像"形制、刻镂、文体、书势"这种考古类型学上的东西，甚至铭文中的相关史实，都只是一种次要的辅助手段。这种手段似乎主要适用于无历日铜器的断代，或在某一金文历日入谱时遇到与几个王世相合的情况下，才想到利用非历日因素对铜器的时代进行必要的选择。殊不知，有些金文历日因为年历谱的关系早已脱离了实所当在的王世，这种选择已全失作用。

本来，金文历日在断代研究中的作用是双重的，它既是自身历日定位的基础，又为西周年代体系的重建提供了条件。但要正确发挥这种作用，还必须倾力于铜器相对年代的推定。新城氏与吴其昌利用金文历日断代时，未能很好地把握断代与考年的互动关系，把铜器相对年代的研究置于次要地位，造成研究方法上的严重失误。再加上所用历谱不精，年代体系无据，便决定了他们最初尝试的失败，因而不可避免地受到来自各方面的批评。经过近半个世纪的沉寂之后，到20世纪七八十年代以后，运用月相四分说进行西周年代学的探索才开始进入了一新的阶段。

四分说的积极考年　在20世纪70年代以后，一度沉寂的月相四分说再度进入人们的学术视野，借以推考金文历日及相应的西周年代，成为世界范围内的热门课题。参与这项研究的人员，不仅有中国大陆和港台的学者，也不乏日本、美国的汉学家。依其论著发表先后，计有黎东方（1975）、〔日〕白川静（1975）、荣孟源（1980）、劳榦（1981）、马承源（1982）、〔美〕倪德卫（1983）、何幼琦（1983）、周法高（1984）、谢元震（1988）、赵光贤（1989）、〔美〕夏含夷（1991）等十余人，都对金文历日考年作过系统的研究。与新城氏和吴其昌的早期金文历日断代相比，此一阶段的金文历日研究已突破旧有的模式，向更精确和更科学的方向迈进。其具体特点，大致可以归纳为以下几个方面。

第一，从金文历日的消极断代到积极考年的转变。如果说新城氏和吴其昌运用月相四分说进行金文历日断代，最大的不足在于缺乏利用金文历日推考西周年代的自觉意识，那么，这一阶段从事研究的学者则已充分认识到金文历日对于推考西周年代的重要性，并试图通过这一有效途径来解开西周年代之谜。应该说，新城氏对于西周年代的考订，已曾初步利用金文历日来调整自己拟定的年代框架，比吴其昌全然不顾确是识高一筹，但这一部分工作是有限的，而且是有错误的，因而未能引起人们必要的重视。1958 年章鸿钊出版的《中国古历析疑》一书，针对新城氏和吴其昌研究中的不足，比较重视发挥金文历日对推考西周列王年代的作用。但他的出发点是，"其列王在位年代有非记载所得决者，而后从彝铭推验之"，故从金文推算者仅共、懿、孝、夷、厉五王之在位年数。其后主张四分说的学者基本上不再相信汉魏以后有关西周年代的文献记载，而把金文历日以及文献中的历日材料作为推考西周列王年代的首要依据。如厉王在位年数，诸家所订就有 16 年（夏含夷）、18 年（倪德卫、周法高）、24 年（何幼琦）、30 年（荣孟源、赵光贤）、37 年（黎东方、白川静、马承源）、40 年（谢元震）等多种说法，而每一种说法的背后都有金文历日材料作支持。尽管诸家对西周列王年代的推考未必都对，但这种方法的科学性却是毋庸置疑的。先前金文历日及文献中的历日材料只作断代之用，此时已成西周考年的唯一可作凭据的科学资料，实为认识上的一大突破。这些学者的可贵探索，为西周列王年代的重构开辟了新的途径，也为后来夏商周断代工程的启动奠定了基础。

第二，从编制历谱到历法深层次研究的转变。利用金文历日考索西周年代，非有合天历谱不足以为其功。此时主张四分说的学者无不着力寻求此种更为精密的工具。如马承源、倪德卫、赵光贤、夏含夷等学者采用的《冬至合朔时日表》，是天文学家张培瑜根据现代天文方法编制而成的，密合实际天象。这正是人们科学意识不断增强的反映。在人们不断追索科学历谱的同时，对西周历法深层次的问题也展开了研究。其中比较重要的是对西周历法建正与置闰形成了新的认识。历史上有所谓三正之说，称夏代建寅，殷代建丑，西周建子。早年一些学者如新城、吴其昌、董作宾等无不拘泥于此，结果在一定程度上限制了金文历日合谱的比率。从春秋时期建丑与建子尚不稳定的情况看，西周的历法恐怕也不会只有一种建正方式，这与当时对冬至的测定未必十分准确而随时调整置闰有关。有鉴于此，像马承源、谢元震、赵光贤等学者在金文历日入谱时兼用子正和丑正甚至寅正，应该比较符合西周历法建正的实际情况。这种不受周正建子及置闰之局限的新认识，在使用张培瑜编制的合天历表时，金文历日入谱的机会增多，更有把握达成考订西周王年的目的。

第三，从置铜器断代于次要地位到首要地位的转变。早年新城氏与吴其昌以金文历日作为断代的首要依据，所造成的偏颇是有目共睹的。此时坚持月相四分说的学者大多能够从中吸取教训，尽量避免铜器断代的出此入彼所带来的金文历日错位的弊端。这一点，夏含夷的认识尤为深刻，他说："具有完整历日的铜器断代的相对性优先于其绝对性。也就是说，在王年没有证实之前，历史的标准（包括书法、铭文内容、人名）优先于历日的标准。"当然，由于铜器铭文除少量几器如趞曹鼎已自示其王世外，大多难于运用历史的标准给予十分准确的判断，故有郭沫若、陈梦家、唐兰等人在铜器断代意见上的严重分歧。这种情况势必对西周王年的重构带来不利影响。但总的来说，此时学者在利用金文历日重构西周王年的研究中，对铜器断代应置于首要地位的重要性已有相当清醒的认识，并在研究中对此进行深入探索，以保证立论前提的可靠性。这种情况表明早年仅以金文历日断代的方法已被学者摒弃，而把铜器相对年代的确定置于首要地位，开辟了重构西周王年的正确途径。

以上这些特点表明，此一阶段持月相四分说的学者，在利用金文历日重构西周王年的研究中，科学意识逐渐增强，在工具和方法上也日益进步，有力地推动了西周年代学研究的深入发展。

（3）月相二系说与西周金文年历。

前面谈到的月相定点说与四分说，虽然对初吉、既生霸、既望、既死霸等金文记时词语的界说各有不同，但都视此为同一系统的月相术语却并无二致。近年《夏商周断代工程 1996—2000 年阶段成果报告》对定点说和四分说均弃而不取，提出了用以指导推排"西周金文历谱"的月相二系说，以致成为最权威也最具影响力的一种新的月相理论。但这个理论的科学性也是有问题的。

断代工程的月相二系说　断代工程经过多学科联合攻关，在夏商周年代学研究方面取得了全面突破，其成绩是有目共睹的。但在月相二系说指导下所编制的《西周金文历谱》却存在着诸多不足，似有必要在今后的研究中进一步完善。

《西周金文历谱》的推排，前期主要依据文献，中后期则主要依据历日要素齐全的金文资料。但无论是文献或金文资料，都存在一个如何界说西周记时词语以编排历谱的问题。这次断代工程对金文记时词语的含义归纳是：

1）初吉，出现在初一至初十。

2）既生霸、既望、既死霸顺序明确，均为月相，"既"表已经，"望"即满月，"霸"指月球的光面。

3）既生霸：从新月初见到满月。

4）既望：满月后月的光面尚未显著亏缺。

5）既死霸：从月面亏缺到月光消失。

这个意见把既生霸、既望、既死霸视为月相，则"初吉"已被排除在月相词语之外。研究报告不以初吉为月相，实际上把通常认为的月相词语分成了两个纪时系统，即"初吉"非月相是一系，"既生霸、既望、既死霸"为月相是另一系，所以不妨称之为月相二系说。

断代工程对金文记时词语含义的界说，所持态度既谨慎也留有余地，如报告中说，此一"界说尚不完善，有待新材料的发现和继续研究"。应该说，这种谨慎是必要的，但又谨慎过头几近于含糊其辞。如对金文中常见的四个记时词语，除明确指出初吉"出现在初一至初十"外，余皆未能给出所辖时段的具体日期，让人无法直截了当地知其意蕴。好在有金文历谱在，还可以从中再作归纳，得出既生霸、既望、既死霸的具体时限。

关于既生霸，断代工程谓"从新月初见到满月"，含义比较清楚，即初二、三到十五。如见于历谱的师遽簋盖"既生霸辛酉"在四月初二，此鼎（簋）"既生霸乙卯"在十二月初三，二十七卫簋"既生霸戊戌"

在三月十五，伯克壶"既生霸乙未"在七月十五。这种处理表明既生霸与初吉有重叠，多至七八天。

关于既望，断代工程谓"满月后月的光面尚未显著亏缺"，语义不大明晰。从历谱来看，既望应始于十六日，如《召诰》云："惟二月既望，越六日乙未"，工程定成王七年（公元前 1036 年）"二月甲戌朔，乙未二十一日"，因为乙未前六日仍属既望，则既望为十六日。但历谱中的走簋"既望庚寅"在三月二十三日，休盘"既望甲戌"在正月二十三日，月的光面已为下弦，明显与既望定义为"满月后月的光面尚未显著亏缺"之语义相悖。

关于既死霸，断代工程谓"从月面亏缺到月光消失"，此言"月面亏缺"与既望月面尚未"显著亏缺"，细品其语义，似无明确分界，将在时间上发生重叠。观其历谱，亦正如此。如伯宽父盨"八月既死霸辛卯"，历谱定在八月二十日，《武成》"唯一月壬辰旁死霸"亦定在正月二十日，则既死霸当在二十日前。又《武成》"二月既死霸，粤五日甲子"，历谱谓武王元年（公元前 1046 年）"二月癸卯朔，甲子二十二日"。是知甲子前五日仍属既死霸，则既死霸可为十八日。这就意味着既死霸始于十八日而至月底，与既望始于十六日而至二十三日又发生六七天的重叠，仍看不出有什么分界，因而也说不上"顺序明确"的问题。

以上情况表明，月相二系说不只"尚不完善"，而且还存在严重的缺陷。这就是初吉与既生霸重叠、既望与既死霸交叉的问题。如果按照记时词语在时间上有重叠即不属于同一系统来推论，既望与既死霸似乎也不宜放在同一月相系统之内。而不同的记时系统则不能容于同一篇金文之中，否则它将失去其记时作用。可是，在静方鼎和晋侯苏钟等铜器中，初吉与其他三个记时词语同出一铭，且均为月、日之间的记时单位，并成一月四分的规律分布。根据"一器之中不容用两种记日法"的常识判断，其性质不当有异。即便是不考虑初吉，若要把既生霸、既望、既死霸等视为同一系统的月相用语，则此三者也必须顺序明确，前后衔接，不允许出现这种重叠交叉的现象。可见月相二系说在逻辑上抵牾甚多，其真实性如何还有待继续探索。

按说，由于月相二系说把月相所辖时段拉得很长，金文历日合谱的比例应该很高。但历谱中仍有庚嬴鼎、师𦭚簋、克盨、伊簋等四器历日明显与二系说不合，于是工程除对师𦭚簋表示存疑外，余则更改年次或日干支以定其历点，合谱相当勉强。若再根据二系说所谓"既生霸、既望、既死霸顺序明确"的意见来考察，情况更不理想。如以既死霸始于《武成》所示十八日，则另有《召诰》、静方鼎、走簋、休盘、智鼎等"既望"历日已入既死霸时段二至五日，不可谓合谱；如以既望终于走簋、休盘所示二十三日，则另有《武成》、伯窓父盨等"既死霸"历日已前移既望时段二至五日，亦不可谓合谱。这说明二系说不仅在理论上讲不顺畅，在金文历日排谱的实践中也是首尾不相兼顾，难以自圆其说。

克钟断代及其他 西周金文历谱的推排，还必须处理好全历日金文的断代问题。因为就历表而言，大约五年零一两个月，朔日干支可以重见一次，而月名相同，朔日干支相同，大约 31 年亦可重见一次。这就是说，不注意金文断代，同一历日即可安排在不同的年份，难以准确定位，不能确保所编西周金文历谱的可信度。

夏商周断代工程非常注意这个问题，以一个专题的形式就全历日铜器进行类型学上的分期断代研究，并以此作为推排金文历谱的依据。其研究方法是科学的；有些铜器断代也取得颇具说服力的成果。例如关于师𩰚簋、师兑簋、师𤟭簋的年代，工程历谱置于夷厉时期，就比过去郭沫若定为厉宣时器更为可信。师𩰚簋、师兑簋、师𤟭簋三铭所见相关人物师和父（伯和父），从前郭沫若、杨树达等人都认为是文献中"共伯和"。可是共伯和为共国之君，"共"为国名，"伯"为爵称，"和"为其名。而伯和父又称师和父，"伯"为行辈之称，"和父"为其字，"师"为其职，二者在称谓上的含义明显不同，不好说共伯和与伯和父（师和父）就是一人，亦不必据此来框定三器的年代。又如师询簋的断代，郭沫若曾认为"本铭与毛公鼎铭如出一人手笔，文中时代背景亦大率相同"，因定为宣世器。而工程历谱把师询簋作为共世器来处理，不只历日吻合，其他方面的情形也是合理的。

但是，历谱中有些铜器的断代也难成定论，如以克钟为宣世器就是最为突出的一例。

关于克钟的断代，这是一个老问题了。过去郭沫若以克钟与克盨历日不容，将其分置夷、厉二世，后来唐兰为了建立其康宫说，则置之厉宣二世，但考虑到二器时间间隔太长，又主张厉王三十七年应包括共和十四年在内，目的在于化解克钟与克盨相距过远的矛盾。由于近年发现的吴虎鼎有铭云"王在周康宫夷宫……申刺（厉）王命"，可以证知为宣世器，且其历日能与克钟整合，于是加强了人们把克钟定为宣世器的信心，钟铭中的康刺宫也被理所当然地视为厉王之庙了。其实，吴虎鼎的历日可与克钟整合，并不成为克钟必须定在宣世的确据，倒是康刺宫实实在在成了人们不愿把克钟前置的一大障碍。

唐兰倡扬的康宫说是一个非常复杂的问题，前面有过讨论。这里只想再简单说说，康宫为康王之庙说与成世令彝、令簋和康世畕卣、折尊的年代有抵触，未必一定成立，而康刺宫为厉王之庙也与克钟的时代不谐，亦非完全可信。在断代工程编制的西周金文历谱中，置伯克壶于厉王十六年，而置克钟于宣王十六年，膳夫克盨于宣王十八年，先前学者谈到的问题同样未得解决。

首先，从克所制作的伯克壶、师克盨、克钟、大克鼎、膳夫克盨、小克鼎等铭文看，在"克"所任师与膳夫两种职务中，应是"先做师，后做膳夫的"。据师克盨铭，克之初进，乃"司左右虎臣"，即主管周王的宿卫军，承担安全保卫之责。这种师的职务不会很高，故十六年伯克壶铭记师克有上级伯大师领导，并给予"仆卅夫"的赏赐。而大、小克鼎中的膳夫克，职掌是"出纳王命",以致"舍命于成周遹正八师",官职明显比师氏为尊。故伯克壶、师克盨的制作应早于"膳夫克"三器(大克鼎、克盨、小克鼎)。而克钟称"王亲命克遹径东至于京师",同是履行"出纳王命"的职责,却只言"克"不称"膳夫克",说明"克"作钟镈之时,并未正式出任膳夫,当是以师职代行其权罢了。因此克钟的制作年代应晚于伯克壶、师克盨而早于"膳夫克"三器。但工程历谱把伯克壶与克钟、克盨分置厉、宣二世,则克的政治活动长达50余年,似非近情。

第二,更重要的是,克的活动时间不可能下延到宣王时期。大克鼎铭记克曰:"穆穆朕文祖师华父……克恭保厥辟恭王",表明克为臣事共王的师华父之孙。在师克盨中,王对师克说:"则繇唯乃先祖考又(有)爵(恪)于周邦",又说"令汝更乃祖考司左右虎臣",表明师华父就是克的亲祖父,而不是远祖,始能受其荫并继其职。师华父既为共世人,其孙应与共王之孙夷王大致相当,再延后一点也不会晚于厉王。若把克钟、克盨置于宣世,不仅克的活动时间过长,而且祖孙三代人将历经共、懿、孝、夷、厉、共和、宣数朝,更是有悖常理。

第三,把伯克壶定为厉世器也有不易讲通的地方。伯克壶中的"伯大师"除见于自作伯大师厘盨外,还见于白公父簠和师𫘤鼎,而师𫘤鼎是共王八年的标准器,表明伯大师早在共世即已任事。《诗·大雅·常武》云:"王命卿士,南仲大祖,大师皇父,整我六

115

师，以修我戎。"是知"大师"为显职，是王室的高级军事长官。若把伯克壶定在厉世，伯大师就成为共、懿、孝、夷、厉五朝元老，依厉谱他前后担任"大师"一职亦长达 50 余年。自共至厉，膳夫克已历祖孙三代，而伯大师却一人连任五朝的高级军事统帅，年龄未免过大。

从以上三方面的分析来看，把克钟、克盨定在宣世是有困难的。从断代工程的类型学研究结果来看，也说明克钟为西周晚期前段器，约当厉王前后。由于克钟历日与厉王年谱不合，应当考虑前置夷世。这说明，不仅"康刺宫"不好视为厉王之庙，而且有关懿、孝、夷诸朝的年代也有必要根据克钟的定位另作推考。

除克钟外，在断代工程所编制的西周金文历谱中，还有一些铜器的断代也并非尽如人意。例如晋侯苏钟的断代即是显例。苏钟称"唯王卅又三年"当属何王？学界或谓厉王，或谓宣王，争论甚烈。据《史记·晋世家》载："靖侯以来，年纪可推。自唐叔至靖侯五世，无其年数。靖侯十七年，周厉王迷惑暴虐，国人作乱，厉王出奔于彘。大臣行政，故曰'共和'。十八年，靖侯卒。子厘侯司徒立。厘侯十四年，周宣王初立。十八年，厘侯卒，子献侯籍（索隐：《系本》及谯周皆作'苏'）立。献侯十一年卒，子穆侯费王立。"是知晋献侯籍（苏）于宣王六年（前 822 年）至十六年（前 812 年）在位。从苏钟出土的 M8 墓中所采木炭样品进行常规法碳 14 年代测定和 AMS 测年，"其年代分别为公元前 814 年～前 796 年和公元前 810 年～前

794 年"，证明文献所说晋侯的卒年是可信的。以此观苏钟厉宣二说，如谓为宣王三十三年（前 795 年），不只苏钟历日无法安排，且与晋侯苏的在位时间不合；如谓厉王三十三年（前 845 年），其时立为晋侯者是献侯苏的祖父靖侯宜臼，且墓葬的时间亦不能早至厉王。为了调和这些矛盾，工程认为编钟铭文是"晋侯苏即位后追记此前跟随厉王东征时的功绩和赏赐"。此说粗看似较合理，细审铭文仍有困难。主要问题在于，厉王三十三年既然是靖侯宜臼当政，则苏以靖侯之孙从王东征，就不得以晋侯苏称之。可是在铭文中却一再出现"王亲命晋侯苏"、"王呼膳夫曰召晋侯苏"、"王至晋侯苏师"、"王亲赉晋侯苏"云云，要说是用后来的身份追记前事，未免有些勉强。须知以当时礼制的约束，人们在称谓上对身份的要求是很严格的，苏既非晋侯，时王恐不好在发布各种命令时以"晋侯苏"或"晋侯苏师"相称。如宜侯夨簋先是"王命虞侯夨"徙封宜地，继之则称"宜侯夨"，毫不含糊。苏钟既称晋侯苏，其事必当发生在苏继位为侯之后，则铭文所谓"唯王卅又三年"或许另有文章可做。

在晋侯苏在位期间，有三年历日即宣王八年（前 820 年）、九年（前 819 年）、十四年（前 814 年）均可与苏钟勘合。但钟铭纪年为三十三年，与实际的宣王纪年并不对应。这有可能是苏钟用的另一纪年系统，并有误刻所致。据《国语·周语上》载：宣王"三十九年，战于千亩"，《史记·周本纪》与之相同，但同书《十二诸侯年表》却将此事列在宣王二十六年。这说明关于宣王的纪年当时可能有两种方式，一是以宣王正式即位作为始年，《十二诸侯年表》若此；一是以共和元年作为宣王纪年之始，并把厉王崩逝和宣王继位放在一年连续计算，《国语》若此。若按《国语》此一纪年方式，宣王八年、九年、十四年可以分别记为二十三年、二十四年、二十九年。或许苏钟所记为宣王八年（晋献侯三年）之事，采用的是与《国语》相同的纪年方式，当为廿三年，铭文却误刻为卅三年。当然，这种假设需要对铭文进行改字，方法未必妥当。但考虑到苏钟墓地的碳14测年结果，既非厉王三十三年又非宣王三十三年，以及不轻易否定司马迁关于共和以后的年代体系，以三十三年为二十三之误刻，实记宣王八年事，也不失为一种可能的推测。一句话，关于晋侯苏钟的年代，还有必要作进一步的研究。如果把它视作推定厉王年代的可靠支点，可能为时过早。

类似的例子还有一些，不再枚举。铜器断代是一件相当繁难的工作，要使之准确定位并非易事。特别是对于全历日铜器来说，因受历谱的制约，尚须把工作做得更为精细。如果对那些起着支撑列王年代框架的全历日铜器，一旦断代有误，整个年代体系就会发生倾斜，其他铜器历日也将会偏离其正确位置，造成所排历谱的失真。断代工程对克钟、晋侯苏钟断代的不恰当处理，无疑会影响其《西周金文历谱》的可信度。

历谱中的王年问题　编制西周金文历谱的最终目的，在于考索西周列王的年代。由于夏商周断代工程推排西周金文历谱时运用了考古年代学和天文历史年代学等多种学科的研究成果，工作做得相当细致深入，因而取得了不小的成绩，所得结论也大多可信。只是因为在对月相词语的理解和克钟等铜器的断代方面尚有不足，致使断代工程通过金文历谱所订的西周列王年代不免存在一些问题。这里我们从武王克商之年和西周诸王年代两个方面，对断代工程所编制的《西周金文历谱》略作分析，以观其成败得失。

先说武王克商之年研究。

过去人们考索武王克商之年，主要依据《武成》中的历日资料和《国语·周语下》"岁在鹑火"等天象资料。由于历日资料定位的波动性和岁星十二年运行周期的影响，符合这些条件的仍有不少年份，其取舍不免见仁见智，以致形成 40 多种说法。近来夏商周断代工程通过对周初遗址的碳 14 测定和武丁月食年代的认证，推出克商之年当在公元前 1050～前 1020 年范围之内，使西周始年的研究前进了一大步。但是，断代工程根据《武成》历日和《国语》天象，把武王克商之年确定在前 1046 年，仍非上选。一方面，用《武成》历日来检验，虽然符合工程对纪时词语所界定的月相二系说，但正如前述月相二系说存在严重的缺陷，根据不足。另一方面，因为要兼顾到成王（周公摄政）七年（前 1036 年）《召诰》历日月相的合谱，就必须把武王在位的时间安排为四年（以克商之年起算）。关于武王在位之年，古有 2 年、3 年、6 年、7 年、8 年等不同说法，近人也有主张四年说的。工程依据郑玄《诗谱·豳风谱》和日本《史记·周本纪》钞本等记载，取武王在位四年说，似非得当。郑玄注《尚书·金縢》"既克商二年，王有疾弗豫……王翼日乃瘳；武王既丧"一事说："文王十五生武王，九十七而终，终时武王八十三矣，于文王受命为七年。后六年伐纣，后二年有疾，疾瘳后二年崩，崩时年九十三矣。"在这里，郑玄为了牵合《礼记·文王世子》中荒唐的武王年岁，竟无端演绎出"疾瘳后二年崩"的内容，加上伐纣之年和后二年有疾，表明武王在位五年。而泷川资言《史记会注考证》引日本高山寺《周本纪》钞本，称武王于克商后二年不豫，"后二年而崩"，也只能解作武王在位五年。可见工程所引用的材料不能支持其四年说。在武王在位年数问题上，我们认为司马迁对《金縢》的理解和转述是正确的。《史记·周本纪》说："武王已克殷，后二年……武王病。天下未集，群公惧，穆卜……武王有瘳，后而崩。"这正如王国维所说："《史记》所记武王伐纣及崩年，根据最古。《金縢》于武王之疾书年，于其丧也不书年，明武王之崩即在是年。《史记》云'武王有瘳，后而崩。'可谓隐括经文而得其要旨矣。"《淮南子·要略》云："武王立三年而崩"，与《史记》同。可见近人大多主张武王在位 3 年还是有道理的，如谓 4 年则嫌证据不足。

有鉴于此，把克商年定在公元前 1045 年应比前 1046 年更为适当。取本年建亥，依张培瑜《中国先秦史历表》，《武成》历日可合月相四分说（当然也合月相二系说）：

正月丁卯朔，"壬辰旁死霸"为二十六日；

二月丁酉朔，"二月既死霸，粤五日甲子"为二十八日；

四月丙申朔，"唯四月既旁生霸，粤六日庚戌"为十五日。

以此年为克商之年，一则可依月相四分说使《武成》历日得到合理解释；二则本年"岁星也仍当鹑火之次"，与《国语·周语》说"昔武王伐纣，岁在鹑火，月大天驷，日在析木之津"等天象基本相合；三则可使武王在位之年定为三年，与《金縢》、《淮南子》、《史记》之说相合。此外，古本《竹书纪年》说西周积年为 257 年，亦可据此视为 275 年之倒误，可以求得较为合理的解释。

次言其他西周诸王年代研究。

当武王克商之年确定之后，对于制约历日材料的波动是有重要意义的。但从武王克商之年到共和元年尚有 204 年，年代跨度仍然很大。如果其间没有可靠的年代支点，仍不利于克服金文历日入谱的波动性。在这个问题上，断代工程运用多种天文手段，肯定懿王元年"天再旦"为日食，并确定为公元前 899 年。这个年代支点对于编制西周中期的金文历谱是有约束作用的。众所周知，西周中期的铜器断代一直就是不易攻克的难点，特别是懿、孝、夷二世三朝，至今尚无一件全历日铜器能被确认为某王的标准器。这对西周金文历谱的编制是非常不利的。现在，懿王元年的绝对时间被确定下来，形成一个有效控制金文历日前后波动的年代支点，是历谱可望编制成功的重要条件。

在懿王之前，有武、成、康、昭、穆、共诸王。共王的在位年代，晋宋学者旧有 10 年、12 年、20 年、25 年等不同说法，无以定其是非。在共世全历日铜器中，以明确记有"共王"之名的五祀卫鼎和十五年趞曹鼎最为重要，五祀卫鼎又与三年卫盉、九年卫鼎同期制作，这四器便成了推考共王年代的基准历日。工程用二系说把四器历日协调起来，重构了共王在位 23 年的时限。若以月相四分说来衡量，趞曹鼎与其他裘卫三器的历日是无法协调的，个中缘由还有待探究。但是，以趞曹鼎确定共王在位不低于 15 年，以其他裘卫三器把共王元年确定在公元前 922 年，联系前此各王和后此懿王的年代安排来看，有其合理的一面。

关于穆王在位年数，《史记·周本纪》有明确记载，称"穆王立五十五年崩"。近人对此表示怀疑的不少，原因是史迁又说"穆王即位，春秋已五十矣"，这就是说这位生平热衷远游的君王活了 105 岁，似乎不致长寿如此。那么，史迁所提供的这两个数字是否必有一误呢？尚不好断言。因为史迁所记共和以前的周王即位年岁和在位年代仅此一条，弥足珍贵，这对一位严肃的历史学家来说，不可能是失之审慎而没有把握的抉择。幸运的是，近年先后发现的三十年虎簋和三十七年鲜簋，均可确定为穆王时器，其铭文历日基本印证了穆王在位 55 年的记载。加之过去普遍认为二十七年卫簋为穆世器，其历日亦可与虎簋和鲜簋相衔接，都有力地支持了《史记》的说法。唯一不好解释的，是古本《竹书纪年》称"自周受命至穆王百年"。

その中"周受命"一般理解为文王受命元年,也有理解为武王克商之年的。如果取文王受命七年崩,十一年(武王四年)克商,或直接从克商年起算,到穆王元年(前976年)都不足百年,到穆王末年(前923年)又超过百年。细审《晋书·束晳传》说《纪年》"自周受命至穆王百年,非穆王寿百岁也"这句话,似乎当时只有穆王百年如何如何的说法,并且人们普遍相信这种说法与穆王的年寿有关,因而有了束晳的驳议。这就是说,所谓"自周受命至穆王百年"可能并非《纪年》的原句,因为这句话语义明白,不致造成与穆王年寿有关的误会。因此,对"自周受命至穆王百年"的说法,似可不必过于拘泥。

再往上溯是昭王。由于古本《竹书纪年》记载昭王十九年南征,"丧六师于汉",并可与《左传》、《楚辞》有关隐晦说法相吻合,学者多无异词。但迄今仍未发现有任何一条全历日金文材料可作佐证。为了弥补这一缺陷,断代工程以新见静方鼎当之,谓其"十月甲子"在昭王十八年,"八月初吉庚申"与"月既望丁丑"在十九年。静方鼎本无王年,据称此由联系排比作册睘卣、作册折尊历日知之。其实这是很成问题的。作册睘卣、作册折尊以及趞尊均应为康世器,即使这些器铭历日可以系联无牾,也不能用来验证昭王十八、十九年的历日。昭王的在位年代没有可用的历日资料加以验证,这在目前是无可奈何的事,不必勉强为之,造成对历谱科学性的不利影响。

昭王之前成、康的在位年代,也是比较难于推定

123

的。《史记·周本纪》云："成康之际，天下安宁，刑错四十余年不用"，知二世积年必在 40 年以上。从克商年和《召诰》历日可以确定成王元年在公元前 1042 年，下距昭王元年即前 995 年共 47 年，基本符合《史记》对成康二世积年的估计。余下的问题是，成康二世的分界年如何确定。过去人们经常引用的康世历日资料有三条，即《毕命》、庚嬴鼎和小盂鼎。但在上述成康的年代范围内，三条历日无法协调，必须有所取舍。于是工程对庚嬴鼎和小盂鼎所记历日表示疑问，舍小盂鼎而改动庚嬴鼎的年份以曲就历谱，则未必妥善。小盂鼎仅存拓本，纪年又有异文，倒是不妨存疑以待今后研究，而庚嬴鼎有可能是穆世器，并无足够理由可以径改其年次。但《毕命》与《武成》同见于《世经》，当具有同等的史料价值，必须合理措置。《毕命》云："唯十有二年六月庚午朏"，朏为太阴月初二、初三新月初见之日，则当年六月必以戊辰或己巳为朔日。遗憾的是，在成康 40 余年内，查历表只有公元前 1025 年建丑，公元前 1020 年、前 999 年建子等年份符合这个条件，而前两个年份明显偏早，后一个年份明显偏晚，均难以附丽《毕命》的历日。在这种情况下，工程历谱选择公元前 1009 年作为康王十二年，则《毕命》历日"六月庚午朏"变成了六月初五，与"朏"为初二或初三之实际天象误差较大，并不理想。综合各方面的因素来看，可以考虑把《毕命》历日置于前 1010 年。取本年建寅，六月实朔庚午，合朔时间 4 时 20 分，有可能前一日被认作此月首日。若以步朔先天一日己巳朔视之，"庚午朓"为初二，比以初五为朓误差要小。这样，康王元年就可据以确定在公元前1021年，与古称康王在位二十六年相合，亦与《顾命》历日无牾。《顾命》云："惟四月哉生魄，王不怿。甲子，王乃洮頮水。……越翼日乙丑，王崩。"以成王在位二十一年（前1022年）崩逝，取本年建子，四月壬子朔，哉生魄（朓）初二为癸丑，甲子为十三日，乙丑为十四日。当然，安排成康二世的分界之年，尚需更多的历法证据，但限于目前条件尚未完全成熟，以公元前1021年作为康王元年仍可作为一种选择。

接下来，谈谈懿王元年（前899年）以后各王的年代问题。

首先是共和以后的各王年代，因《史记》有比较清楚的记述，并可用宣世吴虎鼎等金文历日资料加以验证，应属可信。其次工程把厉王在位年代安排在公元前877～841年，可以容纳包括三十一年鬲攸从鼎、三十七膳夫山鼎在内的诸多高王年铜器，并与《史记》所载厉王三十四年弭谤、又三年奔彘的总年相合，大体是成功的。但是，工程对于懿、孝、夷三王的年代安排似乎仍有可商。

古本《竹书纪年》有"懿王元年天再旦于郑"的记载，刘朝阳、董作宾等都认为是一次日食现象，学者多从其说。只是这次日食发生在哪一年，人们有不同的推断。近来夏商周断代工程进一步验证应为前899年。这样，西周中期金文历日的排谱将受此约束，有利于克服其上下游移的波动性。当工程把懿王元年和厉王元年确定以后，懿、孝、夷三王就只剩下 22 年了。在这 22 年内，如何建立懿、孝、夷三王的年代框架，便成为一个颇费思虑的问题。工程认为"属于这一阶段的青铜器可排出三王年数不同的几种方案。结合文献记载和青铜器铭文中的人物关系，以懿、孝、夷分别在位 8 年、6 年、8 年为最佳方案，孝、夷元年分别为公元前 891 年和公元前 885 年"。这样的安排可能还有调整的余地。其一，由于共王为穆王之子，孝王为共王之弟，所以共、懿、孝三朝从这个角度看约略相当于一个王世，不过毕竟有三王相继在位，其积年应比一个王世的平均年数要长。但在工程历谱中，这三位周王的在位年代加起来共为 37 年，可能长了一些。因为穆王在位既已有 55 年，其子辈在位时间一般就不会太长，汉唐以后历代皇帝在位时间的间隔状况说明了这一点，即使在清代皇位继承者非长子而为幼子的制度下，情形亦复相同。其二，上文说过克钟当为夷世器，则夷王在位应不少于 16 年，则懿、孝在位时只能有六七年的时间，或许这样处理更符合当时王位更迭失常的情况。查张培瑜《中国先秦史历表》，在这 22 年内，只有公元前 878 年既符合克钟历日"唯十又六年九月初吉庚寅"，又符合伯克壶历日"唯十又六年七月既生霸乙未"，还可剩余六七年时间以安排懿、孝的在位年代。取该年建丑，九月实朔壬午，合朔时间为 23 时 55 分，初吉庚寅为初九，以月相四分说观之，克钟历日失朔不过几分钟。又该年七月癸丑朔，既生霸乙未为十二日，亦证明伯克壶的历日合天。据此把夷王的在位年代确定在公元前 893～前 878 年，下与厉王元年相接，似较适宜。这样，关于懿、孝时期的金文历日如何调整以考其在位之年，就应当有新的构想。

从上面的分析来看，断代工程通过编制"西周金文历谱"这一有效途径，在西周列王年代的推考方面取得了许多突破性的进展，成绩斐然。但它还不是西周年代学研究的终极目标，事实上，从学术研究的角度看，这个金文历谱还存在诸多不足，有待改进与完善。

西周金文历日考年前瞻 西周年代学研究是一个恒久而富有魅力的学术课题。自汉代刘歆以三统历推考武王克商之年始，从事此项研究者可以说是代不乏人，特别是 20 世纪的中外学者苦心孤诣，上下求索，更是取得了前所未有的进展。近年夏商周断代工程采取多学科联合攻关的手段，在利用西周金文（包括《尚书》）历日资料考索西周列王年代方面，超越前人，贡献殊大。但其年代方案远非完善，说明此一课题远未终结，尚需学术界继续探索。

在这个问题上，人们寄希望于更多的新材料出土，这是必要的，但也是消极的。因为新材料的出土可遇而不可求，很难说就能及时满足研究的需要。即使短时间内幸运地再发现几条新的金文历日资料，在数量上也无法与已有的材料相匹敌。因此，充分消化现有的金文历日资料，仔细寻觅解决问题的途径，是当前可以做也应该继续做的工作。

利用金文历日考年，面临的未知数太多，难度极大，企图一蹴而就是不大可能的。那么，未来的研究应该从哪些方面入手并争取有新的突破呢？天文学家张培瑜在《西周年代历法与金文月相纪日》中发表过一种很好的意见，不只适用于当时正在进行的断代工程，也适用未来西周年代学的进一步开展。他说，利用金文历日资料的最终目的是要求出西周列王年数和总年，因此就必须首先要解决好这样三个问题不可：①月相词语；②西周历法；③铜器断代。如果"这三个未知数没有消去，哪怕是其中的某一个不够确切，都可能导致所得西周和列王年数结果的失败"。现在就循此思路谈谈未来的西周年代学研究如何处理这三个未知数的问题。

第一，关于月相词语的研究。人们对月相词语的理解过去主要存在定点说与四分说两大阵营，如今又有二系说异军突起，问题更显复杂。从现有的研究看，定点说存在的问题较多，二系说也不能说尽善尽美，唯有四分说经得起历理的检验，似较可信。但是，可以证实四分说的证据仍然不多，尤其缺乏最直接的材料。因此，关于月相词语的研究，还需要深入清理各种不同的说法，仔细分析月相历日间的内在联系，从多种可能的组合中寻求正解，争取形成一个能被大家公认的结论。

当月相词语被科学界定以后，也还存在一个操作规则的运用问题。因为工具即使是科学的可靠的，如果使用不当，也会出现南辕北辙的后果。以断代工程编制的"西周金文历谱"来说，望簋、番匊生壶和膳夫山鼎的初吉历日入谱时均在"朔前二日",误差偏大。西周历法处于观象授时阶段,未必十分精确是肯定的,一般说朔日的确定先天或后天一日可以理解,但先天二日可能就有问题了,因为朔日先天二日,正是上月的有月之日,其所处时空与新月明显不同,这是可以通过肉眼观察到的,古人未必粗疏若是。而三十七年膳夫山鼎历日的定位又关乎厉王在位年代长短的判断,其历日是否合天就更显得重要。过去人们对不同月相说在具体历日入谱时允许有两三天的浮动多持异议,于今断代工程又走上这条老路,亦难获人心。所以今后关于月相词语的研究既需要给予科学的界说,也需要对其操作规则有精确的把握。

第二,关于西周历法的研究。西周历法的具体面貌如何,以文献无征,如今已难知其详了。我们承认张培瑜的《中国先秦史历表》实际是当时的真实历日表,更多的是从所推朔望月的准确度以及作为历日合谱的工具来认识的。所以在金文历日入谱时,有关建正以及与之发生连动关系的置闰方式,没有必要受张表的约束。但不受张表的约束并不意味着可以不受历法规律的约束。以建正而言,断代工程的意见是:"西周历法的岁首多为建子、建丑",实际排谱又有建亥。由《春秋》经传所载材料可知,鲁国建正的设置,春秋初期以建丑为主,少数年份为建寅或建子;中后期以建子为主,少数年份为建丑或建亥,这说明春秋时期鲁历的建正尚不固定,而西周历家对于冬至时日测定的准确度不会高于春秋时期的历家,所以西周历法建正摆动的频率会更大。故工程历谱的建正以子、丑为主，兼及建亥，应该是可行的。但在具体操作中，暴露出来的问题又不能不引起人们的高度重视。比如，从金文历谱的编制过程看，不置寅正将有一些历日不好协调，甚至会导致一年只有 11 个月的情况出现。在断代工程所编制的历谱中，如前 889 年建丑，次年又建亥；前 863 年建丑，次年又建子，结果使前 889 年和前 863 年这两年就只有 11 个月，这恐怕不是西周历法的原貌。同时，金文历谱的建正，忽而建子，忽而建丑，也无规律可循，都容易给人造成一种以金文历日曲就历谱的印象。所以从推排历谱可操作性出发，建正可适当放宽限制是必要的，但西周历法的建正规律还是需要认真探索的，否则我们凭借金文历日所编制的西周年历谱就很难说反映了当时历史的真实。

此外，与历法有关的其他一些天象记录，作为推排西周金文历谱的重要依据，也是需要再作进一步研究的。如古本《竹书纪年》关于"懿王元年天再旦于郑"的记载，学者大都认为是日出之际发生的一次日食，断代工程通过天文方法推算和类似的日食现象分析，确定这次日食发生在公元前 899 年 4 月 21 日，由此确定该年为懿王元年。这个结论我们是表示赞同的，但也要看到它隐含着一个认知上的前提，即"天再旦"必为日食现象。然而这个前提并非具有确定不移的性质，因为它不能有力地排除为其他自然现象的可能。如赵光贤先生就曾结合自己的亲身经历，认为这种

"天再旦"也有可能是大风扬尘蔽日而后天色重开的天象。从懿、孝、夷、厉诸世的年历难于安排的情况来看，似乎暗示这种分析也有一定的道理。一句话，像这种支撑年代框架的重要历点，是需要从方方面面做深入研究才能保证其结论的科学性。

又如《国语·周语下》记载"昔武王伐商，岁在鹑火"的天象，断代工程认为"当有基本的史实为依据"。这是一种可能性。但另一种可能性也是有的，即伶州鸠根据他知道的克商之年按当时人们对岁星认识的规律所作的推断，一个"昔武王伐商"的"昔"似乎透露出这方面的信息。若为前者，则必须严格按照此一天象的内涵来确定克商年的年代和月建。若为后者，则牵涉伶州鸠所知克商年是否可靠，以及当时人们对岁星的运行规律认识到何种程度，有无岁星超辰方面的计算等等。换言之，即此一天象材料的可靠性和准确性有多大，应该在何种程度上使用此一材料。如果把这些问题都处理好，利用《武成》历日和《国语》这一辅助材料所考武王克商之年也就更加令人信服。

西周历法天象方面尚需进一步探讨的问题很多，以上所举不过是些重要的例子罢了。只有把有关西周历法方面的问题都弄得比较透彻了，金文历谱的推排才有科学的保障。

第三，关于铜器断代的研究。铜器断代研究对于金文历谱推排的重要性是人所共知的，正如天文学家张培瑜所说："解答西周年代这道世界难题，铜器断代是最关键的一步。只有正确地将铭文历日归属到各个王世中去，问题才有望破解。"为此，夏商周断代工程中"西周列王的年代学研究"课题以一个专题的形式，进行"西周青铜器分期断代研究"，其成果已公之于世。此项专题研究以铭文中王年、月序、月相、干支四要素俱全的铜器为主，就其形制、纹饰作考古学的分期断代研究，目的在于为改进西周历谱研究提供比较可靠的依据。断代工程以此为准则，进行西周金文历谱的推排，因而取得不小的成绩。但是，我们也应看到，铜器断代是一项相当复杂的系统工程，单有类型学的研究还是不够的，因为类型学研究只能提供铜器铸作年代的大致范围，至于要落实到某一具体的王世，还得依靠铭文的内在联系，甚至于金文历日间的协调关系。遗憾的是，断代工程在这方面的工作却相当薄弱，以至于在铜器断代时或多或少地发生定位不准的现象。比如铜器断代争论最激烈的康宫问题，并未给予合理的交代，就径采唐兰关于康宫问题的意见，置克钟于宣世，这不仅未能顾及铜器类型学研究的成果，也与器主克所应生活的王世相去甚远，以致所考西周王年可能部分失真。又如虎簋与师虎簋的年代安排。二器所称文考均为日庚，祖考所司同为武职，故工程谓虎与师虎为一人。不过，二器既为一人所作，一般说来时间相距不会太远。工程历谱置虎簋为穆王三十年（前947年），师虎簋为懿王元年（前899年），历经三个王世，相距49年，总嫌远了一点。以虎20岁开始担任武职，至69岁，时王还要任命他做高级军官，要求其"敬夙夜勿废朕命"，似非近情。按理，虎簋为穆世器，师虎簋置于共王元年比较合适，但其历日与共王年谱不合，却与工程懿王年谱相适。于是工程定师虎簋为懿王元年器。由于虎簋与师虎簋间隔过远，似乎视二器主人为一人证据有欠充分。从二器的铭文来看，虎的祖考是司虎臣，师虎的祖考是司左右戏繁荆，虎司"走马驭人"及"五邑走马驭人"，师虎职司同其祖考。这些区别说明二者存在非一人的可能性，有如利簋中的"利"与利鼎的"利"名同人异一样。这说明断代工程在铜器断代方面工作进行得还不够深入细致。

总而言之，西周金文历谱的推排并非易事，月相词语、历法规则、铜器断代这三个未知数必须一一正确解答，才能保证西周年代学研究接近历史的真实。对于金文历日考年来说，未来的研究工作就是解答这三个未知数的过程，这三个未知数一一消去，西周列王年代也就水清见底了。

四 金文语言与历史研究

　　商周金文给后人传达的历史信息是多姿多彩的。但要准确理解这些信息，首先对其语言文字要有正确的解读，方能掌握跨入远古历史大门的钥匙。当历史大门打开的时候，商周文明也就精彩呈现，千古流芳。

金文语言文字研究

　　（1）金文字形考释与词义训诂。

　　商周金文记载的是当时的历史情况，研究考释商周金文的目的也就是为了揭示、了解当时的历史情况。但要达到这个目的，古文字的考释是基础，也是关键。文字包括形、音、义三个方面，其中字形的考释与字（词）义的训诂最为重要，在很多著名的古文字学家的论著中，此二者往往是密不可分的。有时一篇比较长的金文，几乎没有不认识的字形，甚至都是常见的字，但是对其文义还是弄不明白，这就是字义没有研究清楚。有时一个难识字经过学者考释后，大家也都认识了，但是这个字在铭文中用为什么词义，却需要进一步研究才能明白。从宋至清末，再到郭沫若《两周金文辞大系图录考释》，金文的字形百分之九十以上已经认识了，现在各篇金文包括近 50 年出土发现的金文，不识之字已经不多，有的甚至没有不识之字，遗留的学术问题基本上就是词义研究了。可见字形和字义的考释同等重要，有时词义研究甚至更显重要。

字形的考释从宋代金石学家的著作中就开始了，但宋人很少有考释过程，大多只是隶定或直接释读为某字。因为宋人认识的商周金文基本上就是用《说文解字》篆文字形与金文字形对照认识出来的，无须进行考证，所以宋人金文著作还很少有论证考证的习惯。据宋《考古图释文》，宋人见到的金文单字有 800 多个，认识正确的至少也占百分七八十。当然，《考古图释文》所收所释并不是当时宋人所见所释金文字形的全部，但大体上应是宋人释字的总量，反映了宋人释字的水平。当然，宋人所释之字并非都是很容易与《说文》一对照就认识的，有些也是较难认识的字，如杨仲南所释的卑字、繁字，吕大临所释的蕲（祈）字，薛尚功所释眉寿之眉字，吕大临《考古图释文》所释平原之原字，等等。

孙诒让的金文字词考释　商周金文考释到了清末开始走向科学的考证之路，因此取得了远胜于宋人的成果。这样的著作有吴式芬《攈古录金文》，吴大澂《愙斋集古录》（附《释文剩稿》）、《说文古籀补》，刘心源《奇觚室吉金文述》，方浚益《缀遗斋彝器款识考释》，孙诒让《古籀余论》、《古籀拾遗》等。清末考释研究商周金文的论著很多，上列只是后人常用的考释字词有较大成就的几部书，其中影响最大、学术成就最高的只有吴大澂的《说文古籀补》和孙诒让的《古籀拾遗》、《古籀余论》。但是吴大澂《说文古籀补》毕竟只是总结吸收宋清考释商周金文已识字的成果，而且只是以字形表的形式出现，很少有考证，而孙诒让《古籀拾遗》、《古籀余论》专门考释金文中未识之字、误释之字，当然也考释字义，有详细的考证过程，有科学的考释方法，在考释疑难字词方面收获颇丰，远远超过当时一些著名的金文专家，也远远超过宋清的金石学家，为后来的金文考释打下了良好的基础，树立了优良的考释金文字形的典范，展示了行之有效的科学考释字词的方法。关于孙诒让考释商周金文的方法及其价值，中华书局出版的《古籀拾遗·古籀余论》一书的出版前言有很好的分析，迻录于下：

　　孙诒让学问渊博，尤精于《周礼》。其治古文字学，善于联系上古典章制度，触类旁通，并能总结前人经验，把不同铭文中类似的辞例、字形综合起来比较研究，探微发覆，多有创获。特别成功的是采用偏旁分析方法来考释古文字，亦即先把已经认识的古文字音符、意符一一析成偏旁单体，然后把各种偏旁单体放在一起，研究它们形体变化的轨迹，再利用偏旁单体来推究、辨识前人尚未释读或释读有误的古文字。有人称孙氏为用具有科学意义的手段来研究古文字的第一人，

并非过誉。正因为娴熟的运用了这些方法，在
《古籀拾遗》和《古籀余论》中，孙氏对铜器铭
文的考释取得了超越前人的成就，得出了一批令
人信服的结论。虽然其中也有误释，总的来说，
这两部著作体现了当时铜器铭文研究的最高水平，
其研究方法在今天仍有启发意义。

孙诒让在金文考释方面取得了超越前人的成就，
代表了清末金文研究的高峰，其重要原因就是他的考
释方法是科学的，同时也因为他训诂学根基深厚，先
秦两汉典籍精通熟悉，撰有大量的先秦典籍校注著作，
对先秦文献语言、典章礼制及《说文解字》无不精通，
当然对金文字形也非常熟悉，因此在考释字词时能左
右逢源，例证丰富，结论可信。

王国维的金文字词考释　王国维、罗振玉是孙诒
让之后、郭沫若之前的两位著名的古文字学家，其考
释金文也有很大的成就。罗振玉在金文研究方面的巨
大贡献主要在刊布金文资料，如《三代吉金文存》至
今仍是学术界经常使用的金文原始资料巨著。在金文
考释方面主要有《雪堂金石文字跋尾》、《辽居稿》、
《辽居乙稿》、《贞松老人外集》、《丁戊稿》等，这些
书不是专门考释金文的，只是部分跋文。

王国维《观堂集林》收有考释金文的论文和跋文，
又《王国维遗书》中收有《观堂古金文考释》，在释
字释词方面多有发明，但影响最大的至今仍被学术界
称颂并奉为经典的，是《毛公鼎铭考释》"序"所提

137

出的考释金文的原则和方法。此序前半部分主要讲释字的原则：不能考释的字，不能穿凿附会，要有阙疑的态度。后半部分主要讲了释字的方法：熟悉古代文物、历史，结合《诗经》、《尚书》等西周文献，运用古音通假知识，掌握金文字形的变化，由此推彼地进行考释，必有收获。他的原则是正确的，他的方法也是科学的，因此受到后人的称赞。

王国维除了少年时代几年私塾是读古书外，在古籍、古文字方面并没有系统的学习与钻研。他青年时代对叔本华哲学思想有浓厚兴趣，对《红楼梦》也有很有见地的论文，特别是《人间词话》提出"意境"说，在文学批评方面更是空前绝后。但他后来仅短短几年时间就在古文字研究方面取得突出成就，除了他钻研《说文》段注等书打下了深厚的文字训诂知识、整理《切韵》等书以通晓音韵及文字通假知识、阅读《史记》等书获得上古历史知识外，最关键的原因是他接受了西方近代先进科学文化的教育，拥有近代的科学研究方法，已经不是完全沿着清代乾嘉学派的老路子走，尽管也吸收了乾嘉学派的精髓。王国维是把中国传统学术研究从古代带入近代的先驱人物之一。

郭沫若的金文字词考释　郭沫若在商周金文方面的巨大贡献主要在金文断代和按王年和国别安排金文上，但他在商周金文字词的考释方面也取得了极为丰硕的成果。《两周金文辞大系图录考释》中随处可见郭沫若考释两周金文字词的精彩片段，下面仅录数条以见一斑：

大丰簋考释说：宜字金文习见，卜辞亦多有，旧释宜，罗振玉释俎，余曩以为房俎之房。今按仍以释宜为是。《说文》宜古文作宜，泰山石刻"者（诸）产得宜"、古玺"宜民和众"、汉封泥"宜春左园"，均是宜字。在这里，郭沫若用秦石刻、古玺、汉封泥诸宜字形体，以考定西周金文宜之为宜字，确不可易，也为用秦汉文字形体与西周金文参照，树立了典范。

中甗铭文考释说："王令大史兄隔土"言王锡大史兄以隔土。彝铭中多用"令"为"锡"，如传卣"师田父令小臣传非余（绯琭）"，献彝"楷伯令毕臣献金车"，燮簋"王令燮在（载）市旂"，康鼎"命女幽黄鎜革"，均其证。郭沫若根据文义辞例解释"令"有赐给之义，已得到学术界公认，也树立了据辞例归纳词义的典范。因为"令"在传世文献中没有此义。

趞鼎考释说："攻開（跃）无啻（敌）"，開乃古龠字，像编管而管端有空，古龠实编管而非单管。卜辞及金文每假開为龠，此以"攻開"连文，则又假为跃，《易·萃》之六二"孚乃利用禴"，《释文》："禴，蜀才本作跃。"这是郭沫若运用古音通假方面的训诂资料考释金文词义的例子。

小臣宅簋考释说："画干戈九"：干乃盾之象形文，有图形文字作干者可证。且古文干戈二字每相将，此其与小盂鼎均与戈对举，正其例。唯干字古作干，乃圆楯之象形，上有析羽饰而下有鐏，与此作方形而无析羽饰者略有别。准此以求之，知必古田字，特横书之而已。郭沫若根据金文图形文字释田、干皆为盾之初形，眼光锐利，已被出土盾形所证实。

师望鼎考释说："髦屯亡敃"，语亦见大克鼎及虢叔钟，均系称颂其祖若考之辞，井人钟称颂其祖与考亦言"贲屯用鲁"，字则分明是贲字，知髦亦必贲字也，盖从贝尾省声，对转而为贲也。贲屯乃叠韵联绵字，当即浑沌之古语。古言浑沌谓浑厚敦笃，不含恶意。《庄子·应帝王篇》……日为凿一窍，七日凿而浑沌死。此寓世日开明而淳风日漓也。故"贲屯亡敃"犹言浑沌无闷，谓浑厚敦笃无忧无虑也。"贲屯用鲁"者亦言敦厚故善。郭沫若的这段考释是典型的运用语言知识，运用训诂资料考释金文词义的范例。

郭沫若《两周金文辞大系图录考释》、《金文丛考》、《殷周青铜器铭文研究》、《中国古代社会研究》，以及收录新中国成立后撰写的一系列论文的《金文丛考补录》等，都是考释商周金文的名著，其字形的考释、字义的训释、文句的解析、时代的断定都是硕果累累，其学术水平远超前辈和同辈学者。他的论著是当今古文字学界特别是金文学界学者必须精读、熟读和吸收的经典著作。

杨树达的金文字词考释　杨树达考释研究商周金文字词的代表作是《积微居金文说》。这部著作主要是考释商周金文中疑难字词的词义，包括未释和误释的词义，也就是说偏重于词义训诂，字形考释不是重点。杨树达熟悉先秦两汉的经典著作，有一系列校释先秦两汉典籍的论著，也研究过甲骨文，这一点与孙诒让相同。但杨树达研究古文文法、虚词、古汉字结构，也专门训释古书的词义，精通古今语言文字学，这些都是孙诒让比不上的。杨树达本是校释古籍的专家，也是研究古汉语虚词的专家，本不研究古文字，年老时才转而专攻商周金文词义训诂，却取得杰出成就。《积微居金文说》胜义纷呈，是古往今来都少见的好书，成为古文字学特别是金文学研究者必须精读和掌握的经典著作。杨树达能够取得如此巨大的学术成就，有两个重要原因，一是对古文献和金文特别熟悉，二是有很好的古文字考释方法。

著名古文字学家于省吾在给《积微居金文说》所作的序中，分析杨树达考释词义的方法说：

> 吾友杨君遇夫，仪刑高邮王氏父子之学，治文字、声韵、训诂之业越四十载，其所著书已付梓传播于世者，约十余种。君于周、秦、两汉旧籍究寻义例，研核有素……君自避地辰溪，始专攻契文、金文，以掘自地下之古文坠义，与经传史实相证发。其钩稽探索，眇思积悟，夜以继日，可谓勤矣。……析疑释滞，胜义缤纷，皆前哲之所未能解，而时贤之所未易几及之者也。盖君贯穿旧典，究于文法，达于谊训，以往昔治经传、《说文》之征验与方法，移之以治契文、金文。是以研肌分理，证符义惬。

这是说杨树达研究考释金文字词的方法是：①有深

厚的古籍底子和精湛有素的研究考释先秦两汉典籍的方法或经验；②将典籍与金文相互证明阐发；③用研究考释经书、《说文》等典籍的方法来考释研究金文，特别以研究文法、词义训诂的方法来考释金文字词。这些都是成功的经验，是考释金文字词、研究金文历史的必由之路，是考释与研究金文的学者所必须熟练掌握与运用的。

如释令方彝"爽左右于乃寮以乃友事"、曾子宣鼎"宣丧用飨其诸父诸兄"之"爽"和"丧"为典籍常见的虚词"尚"；释效卣"公赐厥涉子效王休贝廿朋"之"涉"为"世"，"涉子"即典籍中的"世子"；释大盂鼎"匍有四方"之"匍有"为典籍中的"抚有"，抚与有为同义词连用，抚即有；释吕鼎"王饗口大室，吕延于大室"和小盂鼎"王格庙，祝延"之延为"侍"等，都是很精彩的，令人信服的。又如读叔夷钟"肃成朕师旟之政德"的"师旟"，为《左传》成公二年的"舆师"；读毕狄钟"毕狄不龚"之"狄"，为《诗经》"狄彼东南"之"狄"及"用遏蛮方"之"遏"，有使之远离之义；读秦公簋"竈圉四方"为《诗经·商颂·玄鸟》"肇域彼四海"之"肇域"，竈通肇，圉通域，即兆域；读番生簋"广启厥孙子于下"的"广启"为《左传》襄公十年"光启寡君"，义与《孟子·滕文公》"佑启我后人"同，启义为助，广启即大力佑助，等等。凡此皆为运用上述一种方法或综合运用几种考释方法进行研究的成功例子。

陈梦家的金文字词考释　陈梦家《西周铜器断代》

142

虽然是一部西周铜器断代方面的名著，但其中考释字词的成就亦随处可见。如：天亡簋"乞殷王祀"之"乞"，原文作三横画，但中间一横短，郭沫若《两周金文辞大系图录考释》释为"三"，而"三"字三横画平列长度相同，陈梦家释为"乞"，训为"终迄、迄止"之义，使得原句非常通畅，得到学术界公认。像这样精彩的考释片断，《西周铜器断代》还有很多，同样具有重要的学术价值。

唐兰的金文字词考释　唐兰在甲骨文字考释方面，早年有很多重要发明，晚年则主要致力于西周金文研究和考释。唐兰在金文断代研究方面，代表作是《周王默钟考》、《西周铜器断代中的"康宫"问题》。但在金文字词考释方面也有许多重要的贡献，其成果在各种论著中随处可见，而以《西周青铜器铭文分代史征》为集大成。比如：释作册大鼎的"窆"为阼为除，释小臣夌鼎"应"为位等，都十分精彩。

唐兰在古文字学字形考释方法上的贡献独树一帜，到目前为止，还没有人提出比他更系统、更精彩的字形考释理论。他在《古文字学导论》中总结的方法是：①对照法——或比较法；②推勘法；③偏旁的分析；④历史的考证。所谓对照法或比较法，就是用古文字形与《说文》篆文形体，以及古文字的各种器物上的形体比较、对照。宋人考释金文就是用金文形体与《说文》篆文形体相比较对照，从而认识了很多较容易认识的字；推勘法就是根据词例语境或字的用法来推寻不认识的字为何字，如宋人释"十"为甲、释

"弔"为"叔"、释"釁寿"为"眉寿",但这个方法不一定可靠;偏旁分析法就是根据字的偏旁去认识这个字,清人释金文时就已经很成熟地运用这个方法,如孙诒让等;历史考证法就是考证字形的演变过程中的形体。

于省吾的金文字词考释 于省吾是著名甲骨文字考释大家,所著《甲骨文字释林》是到目前为止考试甲骨文字最多的著作。在金文方面,编有《双剑誃吉金文选》、《双剑誃吉金图录》、《双剑誃古器物图录》、《商周金文录遗》等著录,而《双剑誃尚书新证》、《泽螺居诗经新证》则是运用商周金文字形词义、辞例考释《尚书》、《诗经》词语发明最多、最可信的著作。于省吾考释商周金文字词的代表作有《双剑誃古文杂释》、《关于"天亡簋"铭文的几点论证》、《释"蔑历"》、《利簋铭文考释》、《墙盘铭文十二解》、《寿县蔡侯墓铜器铭文考释》、《释盾》等。

李学勤的金文字词考释 李学勤是著名的青铜器专家,论著很多。在商周青铜器铭文字词考释方面的成果也非常多,他的每一篇论文几乎都被古文字学界所熟悉并常加引用,很多论文产生过很大的影响。他的论文不断发表,每隔一段时间就结集出版,因此人们极易见到。在文字考释方面常被引用的论文主要有《何尊新释》、《试论孤竹》、《元氏青铜器与西周的邢国》、《论史墙盘及其意义》、《师訇鼎剩义》、《岐山董家村训匜考释》、《师同鼎试探》、《史惠鼎与史学渊源》、《多友鼎的"卒"字及其他》、《它簋新释——关

于西周商业的又一例证》、《鲁方彝与西周商贾》、《大
盂鼎新论》、《小盂鼎与西周制度》、《班簋续考》、《令
方尊、方彝新释》、《柞伯簋铭考释》、《郘子姜首盘和
"及"字的一种用法》、《戎生编钟论释》、《蓍簋铭文
考释》、《谈叔矢方鼎及其他》、《叔虞方鼎试证》、《论
燹公盨及其重要意义》、《季姬方尊研究》、《作册般铜
鼋考释》、《试论新出土的坂方鼎和荣仲方鼎》、《齐侯
壶的年代与史实》，等等。下面仅举几个他在字词考释
方面的例子：

《岐山董家村训匜考释》："成赘"的赘字曾见于
师旂鼎铭，过去多释为敫，但是这个字读为敫，在文
义上是不通的。在训匜铭中，这个字的结构可与前一
行"既死霸"的死字对比，不难看出是从尗声的字。
《说文通训定声》已经指出，从尗声的字常可和从赞
声、献声的字互通，例如餐通饡、嚼通作嗽。这里的
赘字，是一个法律用词，应读为谳。《说文》："谳，议
罪也。"在古代，刑狱案件判决，即上报国君，以取得
最后批准。《礼记·文王世子》云："狱成，有司谳于
公。"注："谳之言白也。"白就是上报。所以用现代的
话来说，谳的意义接近于判决。师旂鼎："旂对厥谳于
尊彝"，意即把判决内容记于器上。

《班簋续考》："天畏否畀屯陟"句，于省吾先生
举《多方》"惟天不畀纯"对比，非常精确。《周书》
在谴责已覆亡的统治者时，常言天或帝不畀，如《多
士》："惟天不畀，允罔固乱。""惟帝不畀，惟我下民
秉为，惟天明威。""惟天不畀，不明厥德。"《多方》：

"惟天不畀纯。"两篇又都有"天惟畀矜尔"之语，与"不畀"相对。簋铭"天威否畀纯陟"，正可与"惟帝不畀……惟天明威"参看。"惟天不畀纯"，"纯"训为美，故孙星衍释此句为"天不与以美报"。铭文"陟"字，训为登、升，也是正面意义的词。天威而不予以纯陟，是指已覆灭的东国乱戎。

《论燹公盨及其重要意义》：盨铭第二行的𣥺字，上半所从与《金文编》释作逨的字所从一样，今定为从"𥝢"，读为"差"。《说文》"差"字，据《韵会》引"从'左'、'𥝢'声。"所以，盨铭这个字也可释"差"。"𥝢"、"差"都在歌部，一禅母，一清母，在音韵上是没有问题的。"𥝢"的辨识，还是要由《金文编》释"逨"的那个字入手。该字在金文里已出现多次，学者或以为从"来"，或以为从"𦎫"，但仔细核对形体，都有距离，在文句释读上也有困难，现作从"𥝢"声，就顺适了。"逨"字除作人名用外，有两种用法：第一种如史墙盘"逨匹厥辟"，单伯钟"逨匹先王"，应读为"佐"，"佐"是精母歌部字。此处释逨（来）似乎尚可，而乖伯簋"克逨先王"，便不能念成"克来先王"了。第二种则专见于记射礼的铭文，如长思盉有"穆王飨醴，即井伯太祝射，穆王蔑长思以逨即井伯氏。"义盉有："王在鲁，卿（合）即邦君、诸侯、正、有司大射，义蔑历，𢼸于王逨。"两者的"逨"都是动词，读为"差"，《尔雅·释诂》："择也。"原来据《周礼·大司马》和《射人》，王的大射要"合诸侯之六耦",有"选贤"的目的,所以选择诸侯、朝臣参加;宾射、燕射则用三耦,只有卿大夫以下朝臣。长思盉是燕射,长思被选与井伯耦射。义盉是大射,义有幸入于王选。如释字为从"来"、从"耒",即难于读通。

裴锡圭的金文字词考释 裴锡圭以甲骨文、商周金文、战国文字的字形考释著称,其中尤其在甲骨文字考释方面有突出的贡献。其所考释之甲骨文多为前辈和同辈学者不识和误识之难字,如释"远"、"迩",释"柲"、释"弘"、释"强",释"求",释"勿"、"发",释"弜"等诸篇考释均十分精彩,堪称绝唱。裴锡圭在商周金文方面也有很多有质量的字形考释论文,其中常被人们引用的有《说"玄衣朱襮裣"——兼释甲骨文"虣"字》、《说金文"引"字的虚词用法》、《西周铜器铭文中的"履"》、《史墙盘铭解释》、《燹公盨铭文考释》、《戎生编钟铭文考释》等篇,在金文研究领域都产生过很大影响,都是很有发明之作。与李学勤一样,裴锡圭的每一篇金文考释的论文几乎都是古文字学界所熟知的,考释精当,结论可信,人们愿意接受他的说法。

马承源的金文字词考释 马承源本是青铜器专家,编有《中国古代青铜器》、《中国青铜器全集》等大型资料书籍。他发表的研究青铜器及其铭文的论文,在他去世后收录在《中国青铜器研究》、《马承源文博论集》两本论文集中。他主编并亲自撰写很多部分的《商周青铜器铭文选》,以选片精良、收集齐全、注释简明，成为郭沫若《两周金文辞大系图录考释》之后又一部重要的大型商周金文考释和资料的著作。马承源考释商周金文字词的论文很多，影响较大的有《说贎》、《何尊铭文和周初史实》、《德方鼎铭文管见》、《关于𠫑生盨和者减钟的几点意见》、《释偖》、《墙盘铭文别解》、《新获青铜器研究二则》、《晋侯苏编钟》、《亢鼎铭——西周早期用贝币交易玉器的记录》等。

以上所介绍的学者，都是古文字学界在金文考释与研究方面成绩斐然的名家。实际上，还有一大批学者在金文考释方面都有高质量的论作。限于篇幅，不一一论列。

（2）商周金文语言研究。

这里说的语言研究指的是商周金文的音韵、语法、虚词、词汇等方面的研究。金文的语言研究产生较晚，王国维的金文韵读应该是这方面最早的专门论文，而大量的其他方面专题性研究的论著是近年才开始出现的。据目前初步掌握的资料看，这方面的专著不超过10部，论文不超过50篇。

金文音韵研究　王国维首先著《两周金石文韵读》，郭沫若继作《金文韵读补遗》。20世纪80年代有陈世辉《金文韵读续辑（一）》、陈邦怀《两周金文韵读辑遗》，1990年代有罗江文《两周金文韵例》、《金文韵读续补》等。此外，郭锡良《西周金文音系初探》、王文耀《殷周文字声类研究》、金颖若《两周金文韵部研究》、师玉梅《两周金文音韵考察》、刘志成《西周金文音系的声母》、叶玉英《古文字构形与上古音研究》等，皆为深入研究金文音韵之作。

金文虚词研究　1929 年容庚发表《周金文中所见代名词释例》，是商周金文中第一篇专门研究虚词之作，直到 1980 年代研究商周金文虚词的论著才逐渐多起来。如：杨五铭《西周金文联结词"以"、"用"、"于"释例》、陈永正《西周春秋铜器铭文中的联结词》、崔永东《两周金文虚词集释》等。

商周金文语法研究　1981 年管燮初《西周金文语法研究》（专著）出版，这是第一部研究西周金文语法的著作。但早在 1930 年代沈春晖发表《周金文中之双宾语句式》，则是第一篇研究金文语法的论文。赵平安《两周金文中的后置宾语》、《论铭文中的一种特殊句型》、周青海《西周金文里的被动式和使动式》、潘玉坤《西周金文语序研究》等，皆为深入研究之作。

商周金文词汇研究　到了 20 世纪 90 年代，才有廖序东《金文中的同义并列复合词》、《金文中的同义并列复合词续考》，唐钰明《金文复音词简论——兼论汉语复音化的起源》这样开创性的研究之作。杨怀源《西周金文词汇研究》是全面深入研究金文词汇的著作。

 金文历史内容研究

所谓金文的历史内容研究，主要是指从事商周金文记载的历史事件、国名、地名、人名、官职名、礼制名、古器物名、政治制度、社会生活、经济制度等等的研究。历史事件研究主要是指封国、战争、祭祀典礼、殷见朝觐、命官、赏赐、土地转让、法律诉讼等等方面的研究。金文历史内容研究在金文研究中占很重要的一个方面，金文字词句篇的考释、金文月相、王年、断代的考证等，目的就是为了研究金文的历史内容，就是为了揭示和探讨金文所包含的当时各种历史信息。

宋代的金石学家已非常重视金文的历史内容研究。北宋刘敞撰《先秦古器记》，明确指出金文"礼家明其制度，小学正其文字，谱牒次其世谥"。这主要是针对先秦金文的研究角度说的，而"礼家明其制度"和"谱牒次其世谥"两条，实际上就是针对金文历史内容研究而言的。但宋代学者很少有研究金文历史内容的论文，更没有这方面的专著，大多是直接的释文和隶定，很少有考证和研究的过程。到了清末，金文学家除了注重金文字词的考释外，也很注重金文礼制、国名、人名、历史事件、官名等的考证，取得了一系列成果，但大多散见于金文学家的考释著作中。由于晚清金文学家对先秦典籍十分熟知、精通，以此来研究金文中的礼制、地名、国名、人名、职官、古器物名、服饰等，大多考证精确，成果多被近现代研究金文的学者所吸收，并作进一步的考证，使之更为完善、科学，结论更为可信。

近一个世纪以来，金文历史内容研究大致可分为两个阶段：第一个阶段是以王国维、郭沫若等为代表的前半个世纪的研究，这个阶段研究的方面少，有的未能深入，从事研究的学者也少，但已步入利用金文科学探史的轨道；第二个阶段是以陈梦家、唐兰、李学勤、马承源等众多著名学者为代表的后半个世纪，这个阶段全面深入，论著丰富，学者众多，是其全面发展时期。

（1）科学探史的发端。

王国维《古史新证》与"二重证据法"　近代以来对金文历史内容进行专题研究并写成专著的首推王国维。王国维的金文研究在字词考释、篇章疏通、地名人名等方面都有很精确的成果。王国维所著《古史新证》是运用甲骨文、商周金文研究商周历史的名著，又是开山之作，在古文字和古史学界影响很大。很多后来的学者运用王国维《古史新证》的研究方法，即将出土文献与传世文献相互证明、相互阐发的二重证据法研究上古史，产生了大量的论著，使近现代的上古史研究走上了科学研究的轨道，使金文历史内容的研究更为广阔、更为深入，取得了宋代至清末从未取得的成果。"二重证据法"至今仍被古文字界和古史界奉为"金科玉律"而严加遵循。

王国维在《古史新证》开篇中便提出了"二重证据法"这个重要的概念：

　　研究中国古史最为纠纷之问题，上古之事传说与史实混而不分，史实中固不免有所缘饰，与传说无异，而传说之中亦往往有史实之素地，二者不易区别，此世界各国之所同也。在中国古代已注意此事，孔子曰："信而好古"；又曰："君子于其不知盖阙如也"，故于夏殷之礼曰："吾能言之，杞宋不足征也，文献不足故也。"孟子于古事之可存疑者则曰"于传有之"，于不足信者曰"好事者为之"。太史公作《五帝本纪》，取孔子所传《五帝德》及《帝系姓》，而斥不雅训之百家言；于《三代世表》取《世本》，而斥黄帝以来皆有年数之谍记。其术至为谨慎。……皇甫谧作《帝王世纪》，亦为五帝三王尽加年数，后人乃复取以补太史公书，此信古之过也。至于近世乃知孔安国本《尚书》之伪，《纪年》之不可信。而疑古之过乃并尧舜禹之人物而亦疑之，其于怀疑之态度及批评之精神，不无可取，然惜于古史材料未尝为充分之处理也。吾辈生于今日幸于纸上之材料外，更得地下之新材料，由此种材料，我辈固得据以补正纸上之材料，亦得证明古书之某一部分全为实录，即百家不雅驯之言亦不无表示一面之事实。此二重证据法，惟在今日始得为之。虽古书之未得证明者不能加以否定，而其已得证明者不能不加以肯定可断言也。

在这里，王国维所强调的内容有：①指出上古传说与上古史实混而不分，传说中往往包含史实成分。②面对上述这种古史与传说的情况，孔子采取阙疑的态度，并感叹文献不足；孟子对于不足信的传说则认为是好事者为之也；司马迁写《五帝本纪》不采用那些不雅驯、不足征即不值得相信的叙说上古历史与传说的资料。③汉代以后又有故意作伪之事，如汉代《尚书》百两篇，魏晋伪《古文尚书》。④反对"信古之过"：皇甫谧作《帝王世纪》亦为五帝三王尽加具体年数，皇甫谧所用之材料，当年司马迁不相信而没有采用，后人用来补充《史记》，此信古之过也。⑤批评当时疑古之风：疑古之过否定尧舜禹之人物存在过。此怀疑之态度不无可取，但对于古史材料未尝为充分之处理也。⑥阐述了"二重证据法"的含义：今日有传世文献（纸上之材料），更有出土文献（地下之新材料），用出土文献补充证明传世文献，也可用出土文献证明古书（传世文献）之某部分全为实录，即使百家不雅驯之言也有可信之成分。⑦指出二重证据法在现在才得使用。⑧古书记载未得到出土文献证明者，不能加以否定。

《古史新证》第二章，是运用春秋秦、齐两国金文"鼏宅禹责"、"赫赫成唐……处禹之堵"的记载，证明古书记载的禹是实有其人。这个证明正是针对当时以顾颉刚为代表的疑古派否认禹的存在、认为禹是传说中的人物而言的。王国维不但运用春秋金文也利用了疑古派所承认是真实的西周文献《诗经》中反复出现"禹"的记载，同时来证明禹是可信的古之帝王，先汤而有天下。《古史新证》运用春秋金文和传世西周文献来证明古书记载的禹为实有其人，是典型的二重证据法的运用。他的这个结论要比以顾颉刚为代表的疑古派从古籍到古籍寻找反证、默证来否定禹的存在，以及信古学者死守古史记载的结论要可靠得多。当然这是科学研究方法即二重证据法运用的结果。

《古史新证》第五章研究商之都邑及诸侯，运用河北涞水县新出土郱伯鼎、郱伯卣及河北易州所出祖父兄三戈证明郱国在河北涞水县、易州县之间，而不是传统文献所说的在今河南朝歌境内。这个结论，因为有北伯诸器的出土地点和郱伯诸器铭文作为证据，因此十分可信，后来也得到学术界的公认。

从上引王国维运用二重证据法的考证实例及其他考证古史的论文看，他的二重证据法，就是运用传世文献和出土文献证明古书记载或古史传说，有时也单用出土文献证明古书记载和传世文献其他方面的。由此可知，二重证据法主要用出土文献证明传世文献，或用传世文献阐释出土文献。王国维《古史新证》提出的"二重证据法"，奠定了古史研究的基础，也奠定了后来学者运用金文研究商周历史的基础。

王国维研究商周金文首创"二重证据法"，这只能在大量出土商代甲骨文、商周金文及发现大量其他文献（如西北汉简、敦煌佚书等）情况才能提出。但运用金文石刻文字证史，自宋以来，特别是清代乾嘉学派学者、晚清金石学者都或多或少地运用过。但出土资料既少，研究成果更少。因此王国维的"二重证据法"，实际上仍是沿着和发展了清代金石学家以金文、石文证史的传统，其考证方法的实质仍是乾嘉学派的考证方法，只不过王国维受过外国近代科学的影响，因此他的考证方法是在出土文献大量出现条件下乾嘉学派考证方法与近代科学相结合而形成的。

郭沫若的金文历史内容研究　郭沫若运用金文研究商周历史的著作，主要有《中国古代社会研究》、《殷周青铜器铭文研究》、《金文丛考》、《两周金文辞大系图录考释》、《奴隶制时代》、《青铜时代》、《金文丛考补录》等。郭沫若有如此多的研究商周金文历史内容的论著，不但在他之前不曾有过，在此后也很少见。就其学术质量而言也是前无古人的，后来学者也很少能超过或赶上。郭沫若的一些研究结论，有些已被学术界所公认；有些结论虽未被学术界公认，但得到大多数学者的赞同、引用和补充；有些结论虽未被普遍接受，却引起众多学者的争辩，成为学术研究的热点之一，推动了古史研究的发展与繁荣；有些结论虽然被学术界认为是不成熟、不完善，甚至是错误的，但因为郭沫若提出的问题重要，因此引起更多学者的进一步研究和重新探讨。有时郭沫若对某些学术问题只是提出并没有得出结论，或虽有结论却不曾加以论证，也是很有学术价值的。因为在学术研究中能提出问题特别能提出重大学术问题本身就很重要，有了问题才会引起学者们的倾情关注和深入研究。

郭沫若与王国维在商代甲骨文、商周金文研究方面相比，王国维的论著失误较少，但王国维的论著也少，创获虽精而不多，而郭沫若的论著多，创获亦多，当然失误也就相对多一些。王国维除了《观堂集林》收的一些考释商周金文的论文和短文以外，主要就是《古史新证》，而《古史新证》仅有两条是运用金文研究历史的，还谈不上全面研究，也谈不上专题性质的研究。而郭沫若在商周金文历史内容方面的研究领域已经拓展很宽，研究得很深、很透了，而且多涉及商周历史特别是西周历史的重大系列问题。因此真正把商周金文历史内容研究引入科学轨道是从郭沫若开始的。

郭沫若在日本学医多年，具有先进的自然科学知识和先进的科学研究方法，特别是他自觉地学习和运用马克思主义，掌握了科学的唯物史观，又通过阅读和研究乾嘉学派经典著作、晚清金文考释著作、王国维的古文字论著，熟练地掌握了传统的乾嘉学派的考证方法，眼光锐利，看问题看得准。因此郭沫若的研究方法不但比乾嘉学派而且比王国维更为先进、更为科学。

商周金文是记载商周历史内容的文献，考释与研究金文，根本目的就是研究商周历史。而研究金文历史内容，分清年代是头等重要的事，年代不清，如某篇金文记载的历史事件是商是周或商周什么时候都不知道，就谈不上研究历史了。清末金石学家们在考释金文的著作中，对字词的考释大多能考释得比较准确，有的还很精辟，但在青铜器年代上往往说不清楚，有的甚至很错误，如西周晚期的毛公鼎，晚清金文学家一致认为是西周初年的，认为与《尚书》周初八诰的时代相同。如此重要的鸿篇巨制，把它的时代弄错了，怎么能很好地理解它的内容？从宋代至清末的金石学家们是没有科学的历史时代观念的，因此商周金文在他们的著录或与考释著作中，是按器类编排的，不是按年代编排的，当然也就不便于从事历史内容的研究。

郭沫若《两周金文辞大系图录考释》收西周金文162器，当时为止面世的西周金文精华基本收录于此。郭沫若运用他发明的商周金文考证方法将这162器具体考证为西周某一王世，并按武王、成王、康王、昭王、穆王、恭王、懿王、孝王、夷王、厉王、宣王、幽王来编排162篇金文。这样，西周金文资料就成为按历史时代先后发展有序的便于学者研究利用的历史资料。

郭沫若《青铜器时代》中说：

> 我是先选定了彝铭中已经自行把年代表明了的作为标准器或联络站，其次就这些彝铭里面的人名事迹以为线索，再参证以文辞的体裁，文字的风格，和器物本身的花纹形制，由已知年的标准器便把许多未知年的贯串了起来。其有年月日规定的，就限定范围内的历朔考究其合与不合，把这作为副次的消极条件。我用这个方法编出了我的《两周金文辞大系》一书，在西周我得到了一百六十二器，在东周我得到了一百六十一器，合共三百二十三器。为数看来很像有限，但这些器皿多是四五十字以上的长文，有的更长到四五百字，毫不夸张的是为《周书》或《国语》增加了三百二十三篇真正的逸文。这在作为史料研究上是有很大的价值的。即是没选入《大系》中的器皿，我们拿着也可以有把握断定它的相对的年

代了。因为我们可以按照它的花纹形制乃至有铭时的文体字体，和我们应经知道的标准相比较，凡是相近似的，年代便相差不远。这些是很可靠的尺度，我们是可以安心利用的。

郭沫若所说研究商周金文年代的方法，其实也就是他的商周金文历史的研究方法，完全可以称为商周金文研究的最划时代、开创科学研究的新方法。唐兰在1934年版的《两周金文辞大系》序中说："余为两周史事阙亡特甚，后世追记多有附会，独铜器铭文，咸撰自当时，可资考信。然自宋以降，著录虽多，而迄无统御之方术。郭氏此书，于西周系以年代，东周区以国别，而后若网在纲，有条而不紊，发扬生称王号之说，有若献鼎之成王，遹簋之穆王，并援引王氏；而趞曹鼎之龚王，匡卣之懿王，为郭氏之独见，皆坚确无可疑议。后之治斯学者，虽有异同，殆难逾越。""且郭氏治甲骨彝器之学之勤且敏，有为常人之所不能及者。频年避居海外，抑其磊落之壮志，而从事于枯寂之古学，斯一难也。新出材料罕接于耳目，而多方罗致之，斯二难也。而郭氏之新著，仍络绎而出，其勤且敏为何如耶？抑郭氏以清晰之思想，锐利之判决，发前人所未能发，言时人所不敢言，精粹之论均足不朽。"唐兰对郭沫若的这个评价，在今日看来仍然是十分公允的，准确的。他评价郭沫若独创按时代王年编排西周金文，"后之治斯学者，虽有异同，殆难逾越"，已由郭沫若《两周金文辞大系图录考释》之后70多年的金文学术研究的实际所证明。

《中国古代社会研究》是郭沫若运用马克思主义唯物史观研究中国早期国家起源与发展的一部重要著作。书中运用金文研究商周历史之处很多，其中第四篇"周代彝铭中的社会史观"，则是集中运用金文材料研究西周史的，篇中论述"周代是青铜时代"，"周代彝铭中的奴隶制度"，"周代彝铭中无井田制的痕迹"，"周代彝铭中无五服五等之制"，"彝铭中殷周的时代性"，以证明西周社会是奴隶制度，发前人所未见，令人耳目一新。此篇写于 1929 年 11 月，仅比王国维《古史新证》晚几年，而所持之观点，所用之方法，所研究之问题，则是王国维等老派学者所无法相比的。

《殷周青铜器铭文研究》是郭沫若研究考释商周金文的一部论文集。其中《殷彝中图形文字之一解》，论证商末周初一习见之铭文为族氏徽号，释为"天黿"，即远古氏族名号轩辕氏，驳斥了此种铭文为文字画说，建立了氏族徽号说，成功地开创了商周青铜器族氏铭文研究的先例。又《令彝令簋与其他诸器物之综合研究》一文，在铭文字词考释、人名、官名、祭礼等方面也多有创获。又《释丹析》等三篇考释西周金文中的器物名称，多得到学术界公认。

《金文丛考》（修订本）、《奴隶制时代》是郭沫若另外两部重要的论文集，具有很高的学术价值。其中以《谥法之起源》、《周彝中之传统思想考》、《金文所无考》、《毛公鼎之年代》、《奴隶制时代》等论文最为著名，影响最大。

（2）金文史实的全面考索。

新中国成立以后，随着考古事业的不断发展和大量青铜器的出土，为利用金文资料全面研究商周历史提供了更为有利的条件。不少学者在此辛勤耕耘，推出了大量有学术价值的成果，为商周文明的深入研究贡献了力量。

陈梦家的金文历史内容研究　陈梦家《西周铜器断代》虽是青铜器和金文断代方面的名著，但他为了证明某器某篇铭文属于某王时代，经常考证一些人名、官名、典礼、宫庙名、历史事件等，也考证一些古器物名称，几乎每篇铭文考证中都有这类历史内容的研究，多有发明，这一点与郭沫若《两周金文辞大系图录考释》是一样的。在中华书局出版的陈梦家《西周铜器断代》中有《西周铜器总论》一长篇，其中的"地理部分"有"西周金文中的都邑（王、周、成周、新邑、丰、镐、宗周）"和"西周之燕的考察"等内容，在"周礼部分"有"册命篇"、"赏赐篇"、"职官篇"、"裸瓒篇"等内容。还计划写作"土地制度、社会经济"等。在"赏赐篇"考释了市、黄、非余、鞞鞍、旂旗的赏赐器物。陈梦家《西周铜器断代》是在吸收郭沫若等殷周金文研究成果基础上，更为广泛地收集了金文资料，特别是 20 世纪五六十年代新出土的金文资料，因此掌握金文更为丰富，见到的原始资料更多，当然也就提出了不少的科学论断。

唐兰的金文历史内容研究　唐兰在商周金文考释与研究上最大的贡献是西周金文断代，最著名的、影响最大的有三篇论文，即《作册令尊及作册令彝铭文考释》、《周王䵼钟考》、《西周铜器断代中的"康宫"问题》。这三篇已收入《唐兰先生金文论集》的名文，虽是着重器物的断代，但其研究历史内容占较大部分，且很有质量。唐兰的《虢季子白盘的制作时代和历史价值》、《怀念毛公鼎、散氏盘和宗周钟——兼论西周社会性质》、《毛公鼎"朱韨、蒽衡、玉环、玉瑹"新解》、《略论西周微史家族窖藏铜器群的重要意义》、《用青铜器铭文来研究西周史——综论宝鸡市近年发现的一批青铜器的重要历史价值》等文，则是侧重研究西周历史的，都有相当的影响。

唐兰在《用青铜器铭文来研究西周史》一文中说："过去金文研究者往往只着眼于一件器铭，不能用历史唯物主义的观点和方法对有关方面作综合的考察，是不能用来研究历史的。铜器断代是用器铭研究历史的重要条件之一，既要根据考古学知识来判断时代，又要从器铭内在的证据和许多器铭之间的相互关系，也还要用正确的文字训诂和有关文献的对证，综合起来以确定每件铜器的年代，许多历史事实，才不至于错乱和颠倒。"在这篇论文中，唐兰基于对相关铜器年代的判断，详尽地探讨了 20 世纪 70 年代在宝鸡发现的一批金文的历史内容：①何尊记载周成王迁都成周的史实；②裘卫四器记载了租田、易田的史实——西周中期土地制度的变化预示着奴隶制社会即将走向崩溃；③𤼈匜铭文是西周后期一篇重要的法律文献；④伯戏诸器铭文记载征伐淮戎、南淮夷的战争等。

唐兰《论周昭王时代的青铜器铭刻》一文，上篇为"昭王时代青铜器铭文五十三篇的考释"，下篇主要是研究这 53 篇金文记载的昭王时代的历史事实。其结束语说：

> 补充西周史是今后研究铜器铭刻的新的重大任务。……我们如果把西周全部铜器都整理了，以大量的可靠的地下史料为依据，结合文献资料，写出一部新的比较详尽的西周史，难道不是值得一做的巨大工作吗？西周时代，奴隶社会的最后一个王朝，到底是什么样子，是应该尽可能的把它搞清楚的。

唐兰的这个设想或目标，是非常有意义的。著名甲骨学家胡厚宣希望能运用甲骨文资料写一部殷商史，现在已有学者在做这项工作，可惜运用西周金文写一部有分量的西周史，唐兰之后 30 年过去了，却未闻有学者在做这件事。

唐兰《西周青铜器铭文分代史征》一书，是他运用西周金文资料撰写西周史的一次尝试。不过此书只完成了西周早期（武王、成王、康王、昭王）和中期穆王（只完前半）部分，其余均未写。已写完的每王（也就是每卷）前有总论，主要根据或结合文献谈历史，每篇铭文考释之后有"说明"，揭示每篇金文的历史内容和研究价值。此书虽名为"史征"，但重点是字词的考释，而历史内容的研究并没有形成系统，只是在每篇考释之后略有提及而已。

徐中舒的金文历史内容研究 徐中舒是先秦史研究大家，学术专长是用古文字、古器物及民族学材料研究古代历史文化。其成名作《耒耜考》，为了说明古代耒耜的形制、用途及演变，大量使用了甲骨金文、古代钱币、汉画像石等资料，弥补了传世文献中相关记载的不足，得出了令人信服的科学结论。把古文字本身作为史料运用，是古史二重证据法的扩展。在《怎样考释古文字》中，徐中舒说：

> 古人造字，决不是孤立的一个一个的造，也不是一个人或少数人闭门创造。字与字之间，有相互的联系，每个字的形音义，都有它自己的发展历史。因此考释古文字，一个字讲清楚了，还要联系一系列相关的字，考察其相互关系。同时还要深入了解古人的生产、生活情况，根据考古资料、民俗学、社会学及历史记载的原始民族的情况，和现在一些文化落后的民族的生活情况，来探索古代文字发生时期的社会生产力和生产关系。根据这些东西，探索每个字的字源和语源。这样考释古文字，才有根据，也才比较正确，而不是凭空悬想，望文生义。

这里所说的是以了解古人的生产生活状况来考释古文字的方法，通过古文字的字形字义来了解造字时代的生产生活及思想观念状况，这样，古文字的字形和字义也就成为古史研究中直接、可靠的史料了。

此外，徐中舒《〈禹鼎〉的年代及其相关问题》、《西周史论述》等，也是主要运用西周金文资料研究西周史的重要论文。

杨宽的金文历史内容研究　在当代史林中，杨宽属于高产史家之一，并以战国史研究名重于世。在利用金文资料研究西周历史文化方面，《西周史》是其代表作。此书虽出版于 2003 年，但其中大部分内容早就以论文的形式发表了。他在前言中说：

> 既然儒家所传的西周文献有其局限性，又缺乏西周中期和后期的文献，五百篇以上的西周金文就显得特别重要了。目前研究金文的专家，对西周金文所作断代研究，虽然还有不同意见，但已能大体作出论断，因此我们研究西周史，很有必要以西周可靠文献，结合西周金文，参考儒家所传礼书，做综合比较和分析研究，从而得出正确的结论。

这部专著综贯西周可靠文献，结合数百篇金文和考古发现，参考儒家传世礼书，重新构建西周近三百年的历史。全书分七编，第一编"西周开国史"、第二编"西周时代的土地制度、农业生产和手工业生产"、第六编"西周时代的文化教育和礼制"的重点章节都是用金文资料写成的，第三编"西周王朝的政权机构、社会结构和重要制度"、第四编"西周的军政大事"等，则主要是运用西周金文资料写成的。这部专著与他的《战国史》一样，都对制度史给予特别关注，如利用金文资料对西周中央政权机构和王朝官爵制度的分析，即是书中最有学术价值的部分。但在涉及西周礼制和土地制度的部分，由于作者移居国外，未能充分利用新发现的金文资料和研究成果，多有遗憾。但《西周史》仍不失为一部运用西周金文资料研究西周历史文化的佳作，在先秦史研究中占有重要的位置。

李学勤的金文历史内容研究　李学勤是著名的古文字学家、历史学家，拥有极大的学术成就、学术影响和学术声誉。他与裘锡圭的学术风格有所不同，裘锡圭的论文主要侧重于古文字的字词考释，李学勤的论文主要侧重于古文字资料历史内容和历史价值的揭示与研究，当然也不乏十分精彩的字词考释，只是考史是其学术研究的重点。李学勤的学术成果先以论文形式发表，多比较简短，很少有长篇大论，每隔一段时间，便很快结集出版，流传甚广。自 20 世纪 80 年代以来，不断有新的重要的商周金文的发现与出土，李学勤都有机会首先看到并加以研究，其学术成果由论文到论文集不断面世，可以说是引领了这几十年间的商周金文学术研究。到目前为止，李学勤已出版论文集主要有《新出青铜器研究》（1990）、《比较考古学随笔》（1991）、《周易经传溯源》（1992）、《简帛佚籍与学术史》（1994）、《走出疑古时代》（1995）、《古文献丛论》（1996）、《四海寻珍》（1998）、《缀古集》（1998）、《李学勤学术文化随笔》（1999）、《夏商周年代学札记》（1999）、《重写学术史》（2001）、《中国古代文明研究》（2005）、《文物中的古文明》（2008）等。李学勤所致力的研究领域，常给人以纷繁的印象，但换个角度看也很单纯，那就是中国历史上早期文明的一段，大体与《史记》的上下限差不多。这是一个多学科的交叉领域，商周甲骨金文、战国文字、简帛文字等都是他研究中必须涉及的古文字材料，因而商周金文也是李学勤学术研究的重要内容之一。

李学勤《新出青铜器研究》一书中，《北京、辽宁出土青铜器与周初的燕》证明商、燕的势力已达到今辽宁西部、内蒙古东部、河北北部一带。《试论孤竹》考证商代孤竹国在河北北部至辽宁西部一带。《元氏青铜器与西周的邢国》揭示了軝国的存在及其地理位置、邢国的始封地点、邢国与北戎的关系。《兮甲盘与驹父盨——论西周末年周朝与淮夷的关系》特别揭示了周朝诸侯百姓同淮夷的商贾有广泛的贸易关系，说明西周晚期已经有了比较发达的商业，同时有确定制度的官市也已形成。《试论董家村青铜器群》、《西周金文中的土地转让》探讨土地交易的情况。而《曾国之谜》、《论汉淮间的春秋青铜器》、《试论山东新出土青铜器的意义》、《青铜器与山西古代史的关系》主要是研究各诸侯国历史的，特别是春秋战国诸侯国历史的。

《走出疑古时代》有两篇是研究西周金文的，一篇是《克罍、克盉的几个问题》，主要探讨了燕国初年国王的世系；另一篇是《史密簋铭所记西周重要史实》，考证了卢、虎、杞、舟四个古国及有关乡遂制度等。

《李学勤学术文化随笔》有两篇研究商周金文比较重要的文章，一是《小臣缶方鼎》提出缶正好是帝辛的诸父行，有可能他就是商周之际著名人物箕子。另一篇是《西周金文的六师、八师》，指出六师、八师不仅指军队，也通指出军的乡，这乃是释读有关金文的关键。

《缀古集》中有关金文的论文有《从金文看〈周礼〉》运用金文资料证明《周礼》的历史文献价值；《卿事寮、太史寮》对卿事寮、太史寮做了比较详尽的考证；此外，《晋侯苏编钟的时、地、人》、《晋侯邦父与杨姞》等多有发明。

《重写学术史》研究金文历史内容的论文有《𬹼伯庆鼎续考》指出这件鼎铭文的重要性，在于证实了当时比法的存在，并运用《周礼》的有关记载对此作了考证。《说祼玉》一文考证了商周金文中祼圭、玉瓒的性质。《柞伯簋铭考释》主要考证了西周金文的射礼。

《中国古代文明研究》研究商周金文史实的论文有《菁簋铭文考释》探讨了史籍失载、金文有反映的楷国的历史。《论燹公盨及其重要意义》论证了大禹及大禹治水的传说是有根据的。《晋侯铜人考证》考证了晋侯铜人铭文、传世敔簋的地名。此外还有《谈叔夨方鼎及其他》、《眉县杨家村新出土青铜器说明了什么》、《眉县杨家村新出土青铜器研究》等。

《文物中的古文明》一书中研究商周金文历史的论

文有《论士山盘——西周王朝干预诸侯政事一例》，指出共王命士山前往以法律手段处理荓侯君位一事，与《周礼》记载大司寇有权定诸侯之狱讼相合，表明西周王朝对诸侯的事务拥有干预的能力。《禹鼎与张家坡井叔墓地》研究了禹的世系。《试论新出土的坂方鼎和荣仲方鼎》详尽地考证了"阑"这个商末周初金文中出现的地名，不是大家现在认为的管即今郑州，可能距帝乙宗庙不远；又指出荣仲方鼎的特殊价值，在于其铭文印证了当时的学制。《齐侯壶的年代与史实》揭示了春秋齐侯壶铭文记载的历史真相。此外还有《季姬方尊研究》、《仆麻卣论说》、《论应侯视工诸器的时代》、《庄白疢器的再考察》、《伯狱青铜器与西周典祀》、《谈西周厉王时伯父䤾簋》等，都有很精彩的发明。

《当代学者自选文库：李学勤卷》收有两篇重要金文研究论文：《小盂鼎与西周制度》考证了小盂鼎的献俘庆赏之礼、门朝制度等；《鲁方彝与西周商贾》指出周代商业是很兴盛的，不像有些学者所论商品关系不发达。

总之，李学勤关于商周金文历史内容研究考证的论文涉及了各个方面，而且每篇论文所考证的问题都有新的发现，具有很高的学术价值。

此外，尹盛平《周原文化与西周文明》一书，是继杨宽之后又一部全面深入地运用西周金文资料研究西周史的专著。该书虽出版于 2005 年，但书中很多内容曾以论文形式发表过。全书 55 万余字，不少问题研究得相当透彻。与杨宽的《西周史》相比，虽然都是大量运用西周金文研究西周史，但尹著以西周金文为主，辅以考古及文献资料；杨著则传世文献与西周金文相结合进行研究，很少使用考古资料。杨著精通文献、熟悉西周典章制度，对西周政权机构、官爵制度、乡遂制度、礼制研究等多有创获；尹著熟悉考古资料、全面掌握西周金文的有关资料，因此在运用金文及考古资料时能得心应手，并取得丰硕成果。

张亚初、刘雨《西周金文官制研究》是一部全面整理西周金文资料、研究西周金文官制的专著。该书在前人的研究基础上，对西周职官方面的铭文做了比较彻底的清理，收集了有关职官铭文的铜器近 500 件，整理出了不同的职官材料 900 条，归纳出西周职官 213 种，其中仅新发现的职官就有 57 种之多。由于注重铭文断代研究，也比较清楚地揭示出了西周职官组织和职官地位、名称、升降变化的一般情况。在这个基础上，作者进行了西周官制系统的构拟，初步揭示出西周官制的基本面貌。这种全面利用金文资料对西周官制进行总体性研究，无疑具有十分重要的学术价值。

当然，新中国成立以后从事金文历史内容研究的学者尚有许多，这里提及的仅是部分名家名作。至于其他有关学术著述，不拟一一论列。

五 结束语

学习和研究金文，是一项富有挑战性的工作。它需要攻坚克难的勇气和智慧，也需要广博系统的知识结构和见微知著的洞察力。这样说，不是要把初学者拒之于金文研习的大门之外，而是希望有志者能以大量的知识储备进入金文研究领域，真正学有所成。研读铜器铭文的古文字及其所反映的历史内容，不仅与古文字学、历史学直接发生关联，而且探求作为金文载体的青铜器本身的形制、纹饰、工艺、出土等情况，还要与考古学有亲密接触。金文有些内容如年代学研究，甚至要求天文学史等自然科学的加盟与协作。所以对于金文研究者来说，要形成一个左右逢源、游刃有余的系统化知识结构，以应对金文研究的高难度作业，在这个浮躁而又功利的时代，不能不是一场人生考验和学术挑战。

然而，个人的治学精力毕竟有限，欲在金文研究所涉不同学科领域都成为行家里手，可能是有困难的。因此，要把金文研究进一步推向深入并发挥其应有的学术作用，更为迫切的需要是其相关学科有更多的学人加入这个队伍中来。从目前的研究现状看，金文研究的学术队伍虽有发展，但与许多亟待解决的重大学术问题相比还是不相适应的。从中国知网的"中国博士论文全文数据库"检索，近年与金文研究有关的博士学位论文不足 20 篇，且多为语言文字方面的内容，而从历史学角度进行研究的也就三五篇。从 1993 年以来国家哲学社会科学基金所立项目看，在历史学、考古学、语言学三个学科设立的金文研究课题不过一两项，亦属语言学方面的研究课题。这个现象从一个侧面说明，青年学者可能把金文研究视为畏途，着力不多，积累不够，以致在争取国家科研基金方面难于获得应有的支持。所以希望有更多的青年学者能够知难而进，锲而不舍地投入到金文研究的各个领域中来。

金文研究需要解决的问题很多，但制约学科前进与发展的还是那些关乎全局的重大课题。一是金文分期断代。这是金文研究的一项基础性和前提性的工作，前辈学者对此所下工夫最深，取得成绩最大，同时分歧也最严重。近半个世纪以来，这方面的研究可以说未再取得实质性和突破性进展，基本上仍在已有成果范围内徘徊不前。固然前辈学者所达到的学术高峰攀登不易，超越更难，但问题终须解决，学科方能前进。二是金文考释。金文单字约 5000 个，但能正确隶释的恐怕不到一半。一方面，大量的字得不到正确释读，不免给人们理解金文有关历史内容带来极大困难，使金文作为史料的作用大为降低。另一方面，有的字即使可以正确隶定，但其用义却众说纷纭，有时一器一字的释义多至十几种意见，而正确答案仍无从寻觅。所以金文考释的任务依然很重，需要更多的古文字学专家在这里大展宏图。三是金文历史内容研究。金文所涉历史内容相当广泛，政治的、经济的、文化的、民族的、军事的等各个方面，都需要有更深入系统的专题研究，以便充分揭示中华文明在商周时期的发展特征。特别是西周金文年历的研究，应在夏商周断代工程已有成果的基础上作更为深入的开掘，以期有更为科学的成果问世，真正使西周年代问题得到较好的解决。四是金文综合研究。金文研究的重点在西周，其史料价值高于其他时期的金文。如果西周金文的时代较为清楚了，各项专题研究也更为深入，接下来就该是对其进行全景式、全方位综合性研究的时候了。以金文资料、历史文献和考古材料三者的密相结合，编纂一部多卷本的西周断代史，应是金文综合研究最具代表性和标志性的成果。相信经过众多学者的不懈努力，中国先秦金文的研究必将取得举世瞩目的学术成就。

　　本书之作，限于体例和篇幅，只对金文研究的基础知识和学术动态作了粗线条的勾勒，不少有价值的学术成果未曾言及，所用资料亦未完全注明出处，谨向相关作者深表歉意并致谢忱！本书由杜勇、周宝宏（撰写第四部分）合作完成，谬误不当之处，尚祈读者指正。

参考书目

1. 郭沫若：《两周金文辞大系图录考释》，科学出版社，1957。

2. 陈梦家：《西周铜器断代》，中华书局，2004。

3. 唐兰：《西周青铜器铭文分代史征》，中华书局，1986。

4. 故宫博物院编《唐兰先生金文论集》，紫禁城出版社，1995。

5. 容庚、张维持：《殷周青铜器通论》，科学出版社，1958。

6. 郭宝钧：《商周青铜器群综合研究》，文物出版社，1981。

7. 〔日〕新城新藏：《东洋天文学史研究》，沈璿译，中华学艺社，1933。

8. 吴其昌撰《金文历朔疏证》，商务印书馆，1936。

9. 赵光贤：《亡尤室文存》，北京师范大学出版社，2001。

10. 李学勤：《新出青铜器研究》，文物出版社，1990。

11. 李学勤：《夏商周年代学札记》，辽宁大学出版社，

1999。

12. 王世民、陈公柔、张长寿：《西周青铜器分期断代研究》，文物出版社，1999。

13. 夏商周断代工程专家组：《夏商周断代工程1996—2000年阶段成果报告》，世界图书出版公司，2000。

14. 刘启益：《西周纪年》，广东教育出版社，2002。

15. 马承源：《商周青铜器铭文选》，文物出版社，1988。

16. 马承源：《中国青铜器》，上海古籍出版社，1988。

17. 张培瑜：《中国先秦史历表》，齐鲁书社，1987。

18. 赵诚：《二十世纪金文研究述要》，书海出版社，2003。

19. 杜勇、沈长云：《金文断代方法探微》，人民出版社，2002。

《中国史话》总目录

系列名	序号	书名	作者	
物质文明系列（10种）	1	农业科技史话	李根蟠	
	2	水利史话	郭松义	
	3	蚕桑丝绸史话	刘克祥	
	4	棉麻纺织史话	刘克祥	
	5	火器史话	王育成	
	6	造纸史话	张大伟	曹江红
	7	印刷史话	罗仲辉	
	8	矿冶史话	唐际根	
	9	医学史话	朱建平	黄　健
	10	计量史话	关增建	
物化历史系列（28种）	11	长江史话	卫家雄	华林甫
	12	黄河史话	辛德勇	
	13	运河史话	付崇兰	
	14	长城史话	叶小燕	
	15	城市史话	付崇兰	
	16	七大古都史话	李遇春	陈良伟
	17	民居建筑史话	白云翔	
	18	宫殿建筑史话	杨鸿勋	
	19	故宫史话	姜舜源	
	20	园林史话	杨鸿勋	
	21	圆明园史话	吴伯娅	
	22	石窟寺史话	常　青	
	23	古塔史话	刘祚臣	
	24	寺观史话	陈可畏	
	25	陵寝史话	刘庆柱	李毓芳
	26	敦煌史话	杨宝玉	
	27	孔庙史话	曲英杰	
	28	甲骨文史话	张利军	
	29	金文史话	杜　勇	周宝宏

系列名	序号	书名	作者	
物化历史系列（28种）	30	石器史话	李宗山	
	31	石刻史话	赵 超	
	32	古玉史话	卢兆荫	
	33	青铜器史话	曹淑芹	殷玮璋
	34	简牍史话	王子今	赵宠亮
	35	陶瓷史话	谢端琚	马文宽
	36	玻璃器史话	安家瑶	
	37	家具史话	李宗山	
	38	文房四宝史话	李雪梅	安久亮
制度、名物与史事沿革系列（20种）	39	中国早期国家史话	王 和	
	40	中华民族史话	陈琳国	陈 群
	41	官制史话	谢保成	
	42	宰相史话	刘晖春	
	43	监察史话	王 正	
	44	科举史话	李尚英	
	45	状元史话	宋元强	
	46	学校史话	樊克政	
	47	书院史话	樊克政	
	48	赋役制度史话	徐东升	
	49	军制史话	刘昭祥	王晓卫
	50	兵器史话	杨 毅	杨 泓
	51	名战史话	黄朴民	
	52	屯田史话	张印栋	
	53	商业史话	吴 慧	
	54	货币史话	刘精诚	李祖德
	55	宫廷政治史话	任士英	
	56	变法史话	王子今	
	57	和亲史话	宋 超	
	58	海疆开发史话	安 京	

系列名	序号	书 名	作 者
交通与交流系列（13种）	59	丝绸之路史话	孟凡人
	60	海上丝路史话	杜 瑜
	61	漕运史话	江太新　苏金玉
	62	驿道史话	王子今
	63	旅行史话	黄石林
	64	航海史话	王 杰　李宝民　王 莉
	65	交通工具史话	郑若葵
	66	中西交流史话	张国刚
	67	满汉文化交流史话	定宜庄
	68	汉藏文化交流史话	刘 忠
	69	蒙藏文化交流史话	丁守璞　杨恩洪
	70	中日文化交流史话	冯佐哲
	71	中国阿拉伯文化交流史话	宋 岘
思想学术系列（21种）	72	文明起源史话	杜金鹏　焦天龙
	73	汉字史话	郭小武
	74	天文学史话	冯 时
	75	地理学史话	杜 瑜
	76	儒家史话	孙开泰
	77	法家史话	孙开泰
	78	兵家史话	王晓卫
	79	玄学史话	张齐明
	80	道教史话	王 卡
	81	佛教史话	魏道儒
	82	中国基督教史话	王美秀
	83	民间信仰史话	侯 杰
	84	训诂学史话	周信炎
	85	帛书史话	陈松长
	86	四书五经史话	黄鸿春

系列名	序号	书 名	作 者	
思想学术系列 (21种)	87	史学史话	谢保成	
	88	哲学史话	谷 方	
	89	方志史话	卫家雄	
	90	考古学史话	朱乃诚	
	91	物理学史话	王 冰	
	92	地图史话	朱玲玲	
文学艺术系列 (8种)	93	书法史话	朱守道	
	94	绘画史话	李福顺	
	95	诗歌史话	陶文鹏	
	96	散文史话	郑永晓	
	97	音韵史话	张惠英	
	98	戏曲史话	王卫民	
	99	小说史话	周中明	吴家荣
	100	杂技史话	崔乐泉	
社会风俗系列 (13种)	101	宗族史话	冯尔康	阎爱民
	102	家庭史话	张国刚	
	103	婚姻史话	张 涛	项永琴
	104	礼俗史话	王贵民	
	105	节俗史话	韩养民	郭兴文
	106	饮食史话	王仁湘	
	107	饮茶史话	王仁湘	杨焕新
	108	饮酒史话	袁立泽	
	109	服饰史话	赵连赏	
	110	体育史话	崔乐泉	
	111	养生史话	罗时铭	
	112	收藏史话	李雪梅	
	113	丧葬史话	张捷夫	

系列名	序号	书　名	作　者
近代政治史系列（28种）	114	鸦片战争史话	朱谐汉
	115	太平天国史话	张远鹏
	116	洋务运动史话	丁贤俊
	117	甲午战争史话	寇伟
	118	戊戌维新运动史话	刘悦斌
	119	义和团史话	卞修跃
	120	辛亥革命史话	张海鹏　邓红洲
	121	五四运动史话	常丕军
	122	北洋政府史话	潘荣　魏又行
	123	国民政府史话	郑则民
	124	十年内战史话	贾维
	125	中华苏维埃史话	杨丽琼　刘强
	126	西安事变史话	李义彬
	127	抗日战争史话	荣维木
	128	陕甘宁边区政府史话	刘东社　刘全娥
	129	解放战争史话	朱宗震　汪朝光
	130	革命根据地史话	马洪武　王明生
	131	中国人民解放军史话	荣维木
	132	宪政史话	徐辉琪　付建成
	133	工人运动史话	唐玉良　高爱娣
	134	农民运动史话	方之光　龚云
	135	青年运动史话	郭贵儒
	136	妇女运动史话	刘红　刘光永
	137	土地改革史话	董志凯　陈廷煊
	138	买办史话	潘君祥　顾柏荣
	139	四大家族史话	江绍贞
	140	汪伪政权史话	闻少华
	141	伪满洲国史话	齐福霖

系列名	序号	书名	作者
近代经济生活系列（17种）	142	人口史话	姜涛
	143	禁烟史话	王宏斌
	144	海关史话	陈霞飞　蔡渭洲
	145	铁路史话	龚云
	146	矿业史话	纪辛
	147	航运史话	张后铨
	148	邮政史话	修晓波
	149	金融史话	陈争平
	150	通货膨胀史话	郑起东
	151	外债史话	陈争平
	152	商会史话	虞和平
	153	农业改进史话	章楷
	154	民族工业发展史话	徐建生
	155	灾荒史话	刘仰东　夏明方
	156	流民史话	池子华
	157	秘密社会史话	刘才赋
	158	旗人史话	刘小萌
近代中外关系系列（13种）	159	西洋器物传入中国史话	隋元芬
	160	中外不平等条约史话	李育民
	161	开埠史话	杜语
	162	教案史话	夏春涛
	163	中英关系史话	孙庆
	164	中法关系史话	葛夫平
	165	中德关系史话	杜继东
	166	中日关系史话	王建朗
	167	中美关系史话	陶文钊
	168	中俄关系史话	薛衔天
	169	中苏关系史话	黄纪莲
	170	华侨史话	陈民　任贵祥
	171	华工史话	董丛林

系列名	序号	书　名	作　者		
近代精神文化系列（18种）	172	政治思想史话	朱志敏		
	173	伦理道德史话	马　勇		
	174	启蒙思潮史话	彭平一		
	175	三民主义史话	贺　渊		
	176	社会主义思潮史话	张　武	张艳国	喻承久
	177	无政府主义思潮史话	汤庭芬		
	178	教育史话	朱从兵		
	179	大学史话	金以林		
	180	留学史话	刘志强	张学继	
	181	法制史话	李　力		
	182	报刊史话	李仲明		
	183	出版史话	刘俐娜		
	184	科学技术史话	姜　超		
	185	翻译史话	王晓丹		
	186	美术史话	龚产兴		
	187	音乐史话	梁茂春		
	188	电影史话	孙立峰		
	189	话剧史话	梁淑安		
近代区域文化系列（11种）	190	北京史话	果鸿孝		
	191	上海史话	马学强	宋钻友	
	192	天津史话	罗澍伟		
	193	广州史话	张　苹	张　磊	
	194	武汉史话	皮明庥	郑自来	
	195	重庆史话	隗瀛涛	沈松平	
	196	新疆史话	王建民		
	197	西藏史话	徐志民		
	198	香港史话	刘蜀永		
	199	澳门史话	邓开颂	陆晓敏	杨仁飞
	200	台湾史话	程朝云		

《中国史话》主要编辑
出版发行人

总 策 划 谢寿光　　王　正
执行策划 杨　群　　徐思彦　　宋月华
　　　　　　梁艳玲　　刘晖春　　张国春
统　　筹 黄　丹　　宋淑洁
设计总监 孙元明
市场推广 蔡继辉　　刘德顺　　李丽丽
责任印制 岳　阳